ビジネスエリートが実践している

# 教養としての企業分析

東洋経済新報社編集委員
田宮寛之

自由国民社

# はじめに

現代社会では誰でもあらゆる場面で「企業」と関わります。社会人になる前の学生であっても、買い物やアルバイトを通じて企業と接点を持ちます。そして就職活動で企業を知り、多くの学生は企業に就職するのです。その後はビジネスパーソンとして、マーケティング・営業・仕入れ・業務提携・M＆Aなどを通じて自社以外の企業を相手にします。

また、公務員や教員、団体職員などになったとしても業務上で企業とやりとりすることは少なくありません。

プライベートではモノやサービスの購入、資産運用などで企業を利用しますし、転職のために企業と関わることもあります。

企業との付き合いは一生続くのです。ビジネスパーソンとして、一人の社会人として、企業について知っておかなくてはなりません。どんな企業があるのか、企業をどのように分析すれば良いのか、学ぶ必要があるでしょう。

「企業分析」は人生の一般教養です。

教養というとデスクに向かってきちんと勉強しなければならない感じがしますが、本書は堅苦しい勉強の本ではありません。

私は経済記者として30数年間あらゆる企業を取材してきました。その経験を活かして本書では企業名を挙げながら具体的に、分かりやすく解説していきます。読んでいただければ企業に関する知識が深まるとともに、企業分析能力が向上します。

## ▼イメージで企業を分類していないか？

第1章では明確な基準をもとに企業を分類し、それぞれの特色について具体例を挙げながら分かりやすく解説しています。

「A社は大企業、B社は中小企業」といった話をよく聞きますが、何を基準に企業を大手と中小に分けるのでしょうか。大企業＝有名企業でしょうか。大企業＝上場企業でしょうか。

企業は規模によって大手、中小、小規模企業（零細企業）と分類されます。分類の基準は中小企業基本法、会社法、法人税法などで明確に定められています。

大企業、中小企業、小規模企業（零細企業）というのは、あくまでも規模による分類であり、上場・非上場、知名度などは関係ありません。非上場の大企業もあれば、上場している中小企業もあります。

例えば、サントリーホールディングスは売上高2兆9000億円超、従業員4万人超の大企業ですが非上場企業です。一方、フットサル施設運営会社のジェイホールディングスは売上高1億円、従業員10名（2022年9月末）ですが、東京証券取引所に上場しています。

また、知名度の低い大企業もあれば、知名度の高い中小企業もあります。

持ち株会社、ベンチャー企業、外資系企業、老舗企業など世の中には様々な種類の企業があります。しかし、それぞれの違いについて明確に知らないまま、なんとなく分かった気になっている人が多いように思います。企業を知るための第一段階として、明確な基準で企業を分類する必要があります。

分類が不明確なままでは企業分析を進めることができません。

## ▼自分で企業分析しよう

成長企業かどうか、自分で合理的に分析しましょう。

出所のよく分からないネット情報や噂レベルの情報で企業を評価するのは危険です。第2章では企業分析のノウハウについて解説しています。企業分析というと難しく聞こえるかもしれませんが、そんなことはありません。企業に直接取材しなくても、身近にあるデータや資料で十分です。

新聞やテレビニュースを見るだけでも業界動向や企業情報を得ることができます。新聞やニュースを見るのを面倒と感じる人が多いようですが、ここでは新聞の選び方、読み方、そしてテレビニュースの活用法について書いています。新聞やニュースを有効に活用してください。

さらに、証券アナリストが行なっている企業分析法も紹介します。企業分析の専門家でなくても証券アナリストと同じことはできるのです。

## ▼四季報を読むのが楽しくなる

第3章のテーマは「『四季報』の読み方」です。

皆さんは『四季報』をご存じでしょうか。

読んだことはなくても、名称は聞いたことがあると思います。小難しくて、字が細かくて読みにくい本といったイメージをお持ちでしょうか。しかし、四季報は企業情報の塊であり企業分析には最適です。

ここで断言します。

**四季報は難しくありません。**読み方が分かれば読むのが楽しくなります。

私は四季報を出版している東洋経済新報社の記者として約30年間、四季報の取材・執筆・編集に携わってきました。

これまで四季報の読み方を解説した本を3冊執筆しました。第3章では私の経験も活かしつつ、四季報の読み方についてポイントを絞って分かりやすく解説します。

四季報というと株式投資専用の本というイメージがあるかもしれませんが、そんなことはありません。ビジネスパーソンが仕入れ先や営業先企業を調べるときにも役立ちます。M＆Aや業務提携をするときに相手企業を調べるのにも有用です。転職先を調べるときに役立つのは言うまでもありません。

## ▼成長企業を見つけるポイントとは

第4章では今後の成長ビジネスについて具体的に解説します。

成長ビジネスを見つけるには世の中の変化や流れを把握する必要があります。

私はそのためのポイントを５つ挙げたいと思います。

①ウイルスとの闘いと共存
②世界的な人口増加
③国内の人口減少と高齢化
④環境問題の深刻化
⑤防災・復興

５つのポイントに関連するビジネスや企業が伸びていくはずです。

世界はウイルス蔓延、人口増加、環境悪化など大きな問題に直面しているのですが、それによって世界経済が衰退するということではありません。

そうした問題に対応していく中にビジネスチャンスがあります。ピンチはチャンスでもあるのです。５つのポイントに合わせて、どんなビジネスが伸びていくのか解説します。

さらにビジネスごとに、どんな企業がどのように成長していくのかビジュアルで示しています。企業同士の関連なども見てください。具体的な社名を挙げていますが、皆さんが聞いたことがない企業も掲載されていると思います。無名でもすごい優良企業はたくさんあります。

## ▼知識不足だから騙される

終章では資産運用とキャリア形成について解説します。資産運用とキャリア形成に役立つのはもちろんですが、読むだけで経済的な視野が広がります。

財テクで騙された、失敗したといったニュースは後を絶ちません。騙されたり失敗したりする理由は何かといえば、知識不足です。投資に関する知識が少ないまま投資を始めるから痛い目にあうのです。

「株と違って投資信託は元本保証」、「銀行が販売する金融商品ならば安心」などと思い込んでいる人はいませんか。投資信託は元本割れすることがあります。銀行で買った金融商品で必ずしも利益を得られるわけではありません。

「友人が株で儲けたから自分もやろう」などと考える人は少なくないでしょう。自分で十分に調べずに、他人任せにすれば、騙されたり失敗したりします。

ここでは金融商品の仕組みや投資の仕方について合理的に解説します。企業分析能力を身につけたうえで、資産運用の基礎を学んでから投資を行なうのならば、騙されることはないでしょうし、失敗しても傷は浅くてすみます。

最後は転職についてです。転職でも騙された、失敗したという話をよく聞きますが、その原因も知識不足です。人生100年時代となれば転職は常識となるので、転職について正確な知識を身につけておくべきです。

本書では企業をあらゆる面から取り上げています。

冒頭でも述べたように、企業との付き合いは一生続くのですから、現代人にとって「企業分析」は一般教養です。「企業分析の仕方」を身につけることで「明日の日本をつくる企業」が見えてくるでしょう。本書をビジネス、投資、購買、就職・転職などに役立ててください。

ビジネスエリートが実践している　教養としての企業分析　〈目次〉

はじめに ● 002

## 第1章　企業を知るための基礎知識　025

よく聞く「持ち株会社」とは？ ● 026
親会社、子会社、持ち分法適用会社とは？
グループの司令塔！　持ち株会社
持ち株会社名の特徴とは

「BtoB」「BtoC」「BtoG」そして「DtoC」 ● 031
一般消費者向けか企業向けか
1つの企業が「BtoB企業」であり「BtoC企業」であることも
BtoC企業とBtoB企業の特徴

B to G企業には社会的信用がある
今後増加しそうな「D to C」

**ベンチャー企業を取り巻く環境は改善しつつある** 038
ソニーも昔はベンチャー企業だった!?
ベンチャーとスタートアップは違う!

**老舗企業の凄みに注目** 043
日本企業の平均年齢は34・1年
創業1000年超の会社が10~20社もあるという事実!
老舗企業ほど実力主義!?
実は失敗に寛容な老舗企業
財テクに走らず本業重視

**国内企業の中で大企業はわずか0・3%!?** 058
大企業・中小企業を分ける基準とは?
非上場大企業もあれば上場中小企業もある

**イメージとはかなり違う! 外資系企業** 062
外資系と国内系を分ける明確な基準はない

外国企業の日本法人
外国企業が日本企業と共同出資で設立した企業
外国企業が日本企業に出資、または買収した企業
北米系よりもアジア系の方が多い
英語が不得意でも外資系に入社できるか？

**ドラスティックな決断もすぐにできる！ オーナー企業のメリットとデメリット** 069

経営の意識が高いオーナー企業の長所
意思決定が早い
オーナー企業の短所 ―社長の独走を止められない―
創業家のメンバーが優遇される
創業家以外からの社長とは？

**本当に理解している？ 上場・非上場企業の違い** 076

証券取引所とは株を売り買いする「市場」だ
株とは何か？
上場のデメリットとは？

なぜ変わった？　東証の新上場区分とは 083
60年ぶりに市場区分を変更
なぜ市場再編？
上場ルールを改正
上場資格のない企業がプライム市場に上場している？ 089
想定よりも緩い上場基準
295社がプライム上場基準を満たしていなかった
第2章
ビジネスエリートは知っている！
有望企業の探し方
〈新聞・TV・証券アナリスト〉 093
スマートなビジネスパーソンならば自分で企業研究をしよう 094
情報収集の基本は新聞を読むこと
全部読まなくていい

**経済記事をどう読めばいいか** 098
読みにくければ日経新聞は読まなくてもいい
一般紙の経済面は読みやすい
日経新聞を読み続けるためにお勧めの固定欄3つ
2倍速で経済ニュースを視聴

**株価チェックで日本経済と企業の状況を知る** 107
日経平均株価は日本経済のバロメーター
投資家目線で企業を見る

**今すぐ誰にでもできる企業分析** 113
自分で計算して企業を比較
■営業利益率（営業利益÷売上高×100）
■従業員1人当たり売上高（売上高÷従業員数）
■ROE
■ROA

**簿記が分かれば企業理解が進む** 119
経理部以外でも経理能力が必要

簿記2級が目標だが、最低でも3級取得

第3章 ビジネスエリートは知っている！有望企業の探し方〈会社四季報・就職四季報〉 123

『会社四季報』で企業分析してみよう 124
ホームページや転職サイトの記事だけでは不十分
会社四季報は公正な客観情報を掲載

会社四季報の読み方　9ヵ所見ればその企業が分かる 128
売上高（図中①）と営業利益（図中②）をチェック
営業利益とは本業で稼いだ利益

会社四季報で平均年齢と年収をチェック 133
平均年収は「経営力」を表す

年収は同じ業界内で比較する
**将来性の高いグローバル企業を探すには** 136
【海外】（図中⑤）とは海外売上比率のこと
海外では人口爆増
**『会社四季報』で会社の最高実力者を知る** 140
【役員】（図中⑥）と【株主】（図中⑦）をチェックする
オーナー社長の性格が会社の社風
**借金に依存している企業をチェックする方法** 144
「自己資本比率」（図中⑧）は高い方が良い
**【キャッシュフロー（CF）】（図中⑨）で会社を知る** 146
帳簿上の金額とCFの金額は一致しない
営業キャッシュフロー（CF）がマイナスの会社は危ない
投資キャッシュフロー（CF）はマイナスが良い
財務キャッシュフロー（CF）もマイナスが良い
キャッシュフロー（CF）のベストパターンはコレだ
四季報に載っていないフリーCFとは？

**倒産の可能性が高い会社を見つけるには** 154
巻末の「企業の継続性にリスクがある会社一覧」は必見
**『就職四季報』は就活生だけのものではない** 156
『就職四季報』には待遇や福利厚生に関するデータが詰まっている
他の就職情報誌では見ることができないデータが満載
**離職率が低い会社を探すには** 159
離職率5％超は警戒水準
【平均勤続年数】（図中②）の長い企業は居心地がいい
新入社員が3年以内で退職してしまう会社とは
**ゆとりある生活を送れる企業か？** 164
同じ企業で「平均年収」（図中④）が異なる？
「有休取得年平均」（図中⑤）で実際に休める日数をチェック
「残業」（図中⑦）について
**女性が長く働きやすい会社か？** 169
『就職四季報　女子版』で「勤続」「3年後離職率」「既婚率」をチェック

政府公認の「子育て支援企業」とは

**産休・育児休業が充実した企業を見つけるには？** 174

実際に産休を利用した人数をチェックしよう
育児と勤務の両立は可能か？

**女性が昇進して活躍している会社か？** 178

女性役職者比率の平均は9・4％
女性役職者比率は企業によって大きく違う

**第4章 成長業界・企業を見つけるポイントとは** 183

**【1】ウイルスとの闘いと共存** 185

人類とウイルスの闘いは永遠に
診療もオンライン化
抗ウイルス効果を持つ製品に注目

地味だがとても重要な医療廃棄物処理ビジネス
ワクチン、検査試薬、治療薬

**【2】世界的な人口増加** 194
人々が真水を奪い合う
海水から真水を作り出すビジネス
食糧増産に寄与する企業
植物工場で野菜を栽培するメリットとは
陸上で魚を養殖

**【3】国内の人口減少と高齢化** 209
日本の人口が1億人を割る
日本人が減るからこそ、アフリカに注目
高齢者・単身世帯の増加でコンビニ食が人気化

**【4】環境問題の深刻化** 216
環境に優しい鉄道に注目が集まる
EV（電気自動車）でなければ自動車ではない

【5】防災・復興 227
日本のインフラはボロボロ?
巨大地震に備える
経験したことがない暴風雨に備える

終章 お金とキャリアと企業 235

「投信は買わない」 236
投信が安心とは言い切れない
株は一株単位で買うことができる
投信は手数料が高い
株式購入で企業を見る目を養う

FX取引の魅力とリスク 244
個人でも低コストで外国為替取引に参入できる
為替相場が気になって仕事にならないことも

**転職成功のために何を** 249
転職サイトと転職エージェントの違いとは
転職エージェントは誰のために働くのか

第1章

# 企業を知るための基礎知識

# よく聞く「持ち株会社」とは？

## ▼親会社、子会社、持ち分法適用会社とは？

「うちは●●社の親会社です」

「あの会社はうちの子会社です」

「うちは●●社のグループ企業です」

という会話をよく聞くと思います。


親会社、子会社、グループ会社について整理しておきましょう。

**2社以上の会社が支配と被支配の関係にあるとき、他の会社を支配している会社のこと**

**を親会社といい、支配されている会社を子会社といいます。**

厳密に言うと、出資比率が50％を超えている場合が親会社です。親会社は子会社の経営方針や人事などをコントロールします。

出資比率が15～50％の場合は「持ち分法適用会社」と呼びます。グループ会社、関連会社などと呼ばれることもあります。子会社ほど強い支配を受けるわけではありませんが、取引や人事で親会社の影響下にあります。

1つの親会社に対して子会社が1つというわけではありません。多数の子会社を抱えることもあります。

また、子会社が他社に出資して子会社を持てば、その会社は親会社から見ると孫会社になります。親会社、子会社、孫会社の関係は家族関係と似ています。

## ▼グループの司令塔！　持ち株会社

**新聞や雑誌の記事でよく見る「持ち株会社」とはどんな会社でしょうか。一言で言うと持ち株会社とは「司令塔」です。**企業グループのトップに位置して、子会社や孫会社、グループ会社に指示は出しますが、実際の業務を行なうことはありません。

ここではセブン＆アイ・ホールディングスを例に説明します。

皆さんの中にセブン＆アイ・ホールディングスでおにぎりや清涼飲料水を買ったことがある人はいますか。

「ある」と答えた人がいたとしたら、その人は勘違いしています。

セブン＆アイ・ホールディングスは持ち株会社ですから、販売業務は行ないません。おにぎりや清涼飲料水を販売するのは、セブン‐イレブン・ジャパンやイトーヨーカ堂、ヨ

| 会社形態名 | 出資比率 | 関係 |
|---|---|---|
| 持ち株会社 | － | 司令塔。企業グループのトップに位置して、子会社や孫会社、グループ会社に指示は出すが、実際の業務を行なうことはない。 |
| 親会社・子会社 | 50%超 | 2社以上の会社が支配と被支配の関係にあるとき、他の会社を支配している会社のことを親会社といい、支配されている会社を子会社という。 |
| 持ち分法適用会社 | 15～50% | グループ会社、関連会社などと呼ばれることもある。子会社ほど強い支配を受けるわけではないが、取引や人事で親会社の影響下にある。 |

ークといったコンビニ会社やスーパーです。

セブン‐イレブン・ジャパンやイトーヨーカ堂、ヨークといった会社を事業子会社といいます。セブン&アイ・ホールディングスの子会社であり、実際に事業を行なう企業という意味です。セブン&アイ・ホールディングスは事業子会社の幹部人事を決めたり、出店計画について指図したりします。

音楽ソフト販売チェーン店を展開するタワーレコードへの出資比率は45%、インテリアや雑貨の販売を手掛けるFrancfrancへの出資比率は23・5%なので、こうした会社はセブン&アイ・ホールディングスの持ち分法適用会社です。子会社ほどではありませんが、セブン&アイ・ホールディングスの強い影響を受けています（出資比率は2022年2月28日現在）。

## ▼持ち株会社名の特徴とは

小売業以外では、メガバンクグループや損保グループの親会社は持ち株会社であることが多いです。

三菱ＵＦＪフィナンシャル・グループ、三井住友フィナンシャルグループ、東京海上ホールディングスなどは持ち株会社です。

持ち株会社は「@@ホールディングス」「@@グループ」といった社名になっている場合が多いです。

三菱ＵＦＪフィナンシャル・グループを例に説明すると、傘下で銀行業務を担当する事業子会社が「三菱ＵＦＪ銀行」、信託銀行業務を担当する事業子会社が「三菱ＵＦＪ信託銀行」、クレジットカード業務を担当するのが「三菱ＵＦＪニコス」です。出資比率が39・5％の中京銀行は持ち分法適用会社ということになります。

# 「B to B」「B to C」「B to G」そして「D to C」

## ▼一般消費者向けか企業向けか

「B to C企業」「B to B企業」という用語をよく聞きますが、分かりやすいようで少しわかりにくいのではないでしょうか。

簡単に言うと「B to C」とは、“Business to Consumer”の略。一般消費者相手の商売です。

「B to C企業」は一般消費者が使用するモノやサービスを販売しています。

「B to B」とは、"Business to Business"の略。企業相手の商売です。「B to B企業」は企業が使用するモノやサービスを販売しています。

ここからは業界や企業を例にとって説明していきます。

「B to C企業」としてはコンビニ、スーパー、自動車、家電、旅行、ホテルなどが挙げられます。皆さんにとって馴染みのある企業が多いでしょう。

「B to B企業」とは、鉄鋼、化学、繊維などの素材や自動車部品、半導体などを製造している企業です。その製品は完成品ではなく素材や部品などです。そのほか、企業向けのコンサルタントや情報システムを構築するIT企業も「B to B企業」です。

自動車業界の場合、トヨタ自動車はB to C企業ですが、トヨタ自動車に部品を販売しているデンソーやアイシンはB to B企業です。トヨタ自動車に鉄板を販売している日本製鉄もB to B企業です。

## ▼1つの企業が「B to B企業」であり「B to C企業」であることも

パナソニックは米国の電気自動車メーカーのテスラ向けにリチウムイオン電池を製造しています。

ですから、パナソニックはB to B企業です。

しかし、パナソニックは家庭用の冷蔵庫や照明器具も作っています。

一般消費者が使用する製品を製造しているのですから家電分野ではB to C企業です。1つの企業がB to Bか、B to Cか、明確に分類されるとは限りません。

両方を兼ねている企業もあります。

## ▼B to C企業とB to B企業の特徴

B to C企業とB to B企業の違いはなんと言っても知名度でしょう。B to C企業は一般消

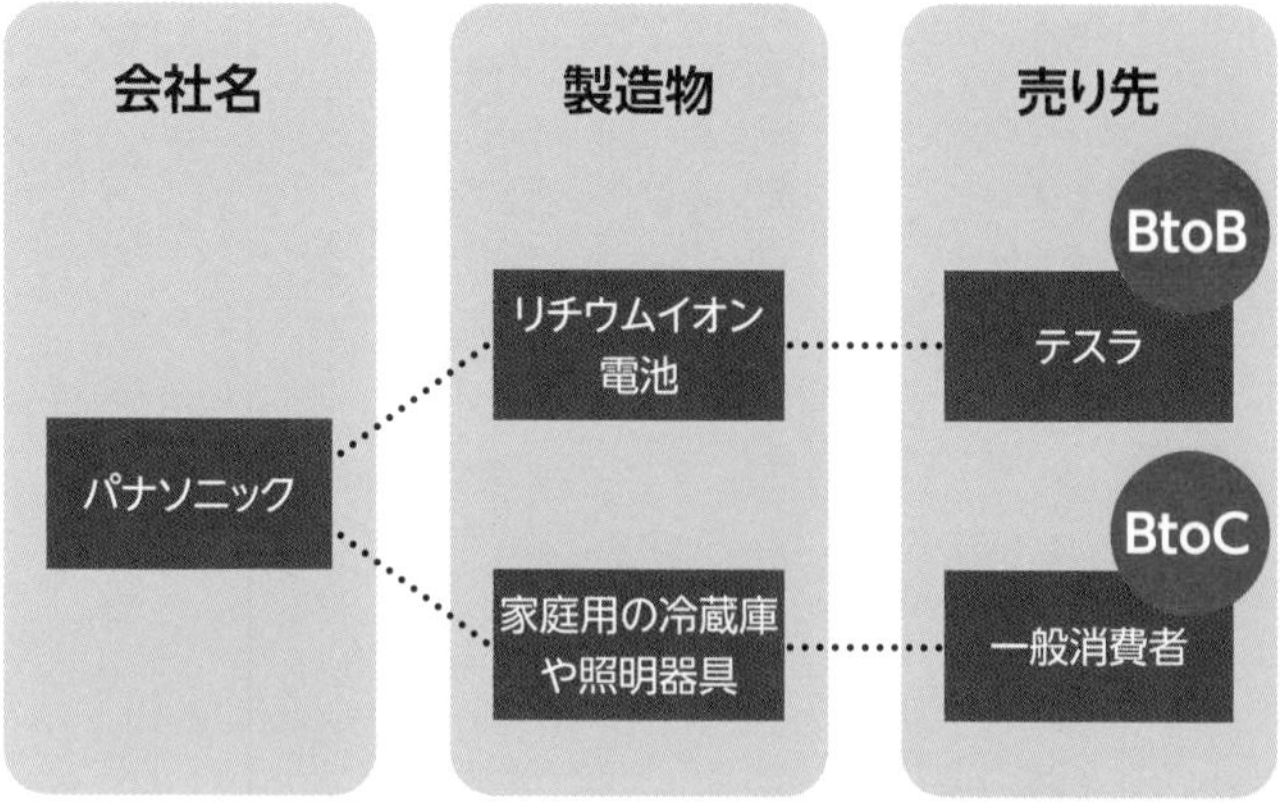


費者向けの製品を販売しているので、社名が広く認知されています。

また、一般消費者に向けて宣伝広告をするので、知名度が高いのです。

ところが、一般消費者はＢtoＢ企業の製品を購入しませんから、企業名を知る機会がありません。ＢtoＢ企業は一般消費者に製品を知ってもらう必要がないのであまり広告宣伝をしません。

そこで、一般消費者の間でＢtoＢ企業の知名度は高くないのです。

知名度が低いと従業員採用で苦労することがあります。

高い技術力を持ち、業績が良く、業界シェアが高くても応募者が少ないことがあるのです。採用に苦労している分、社員を大切に扱うBtoB企業が多いようです。

## ▼BtoG企業には社会的信用がある

**「BtoG」は"Business to Government"の略で、官公庁や地方自治体などに対して、企業がモノやサービスを提供する商売です。**

例えば、道路や橋、校舎の建設といった公共事業を請け負うことがBtoGです。この場合は、建設会社や土木会社がBtoG企業ということになります。

建設会社や土木会社は民間企業からの注文で建物を建てたり、土木工事をしたりするのでBtoB企業としての顔もあります。

また、地方自治体が安定した職業に就いていない人たちの就職支援をするときに、パソナグループなどの人材派遣サービス会社に業務を委託することがあります。

地方自治体からの依頼で業務を行なって報酬を得るのですから、この場合は人材派遣サービス会社もB to G企業です。

官公庁や地方自治体へモノやサービスを提供するためには、官公庁や地方自治体の入札をクリアしなくてはなりません。**B to G企業は国や地方のお墨付き企業とも言え、企業イメージは良いです。**

## ▼今後増加しそうな「D to C」

近年、B to CやB to Bなどと並んで「D to C」という用語を目にする機会が増えています。

**「D to C」とは、"Direct to Consumer"の略で、メーカーが自らEC（インターネット通販）サイトを作り、直接消費者に商品を提供するビジネスモデルのことです。**

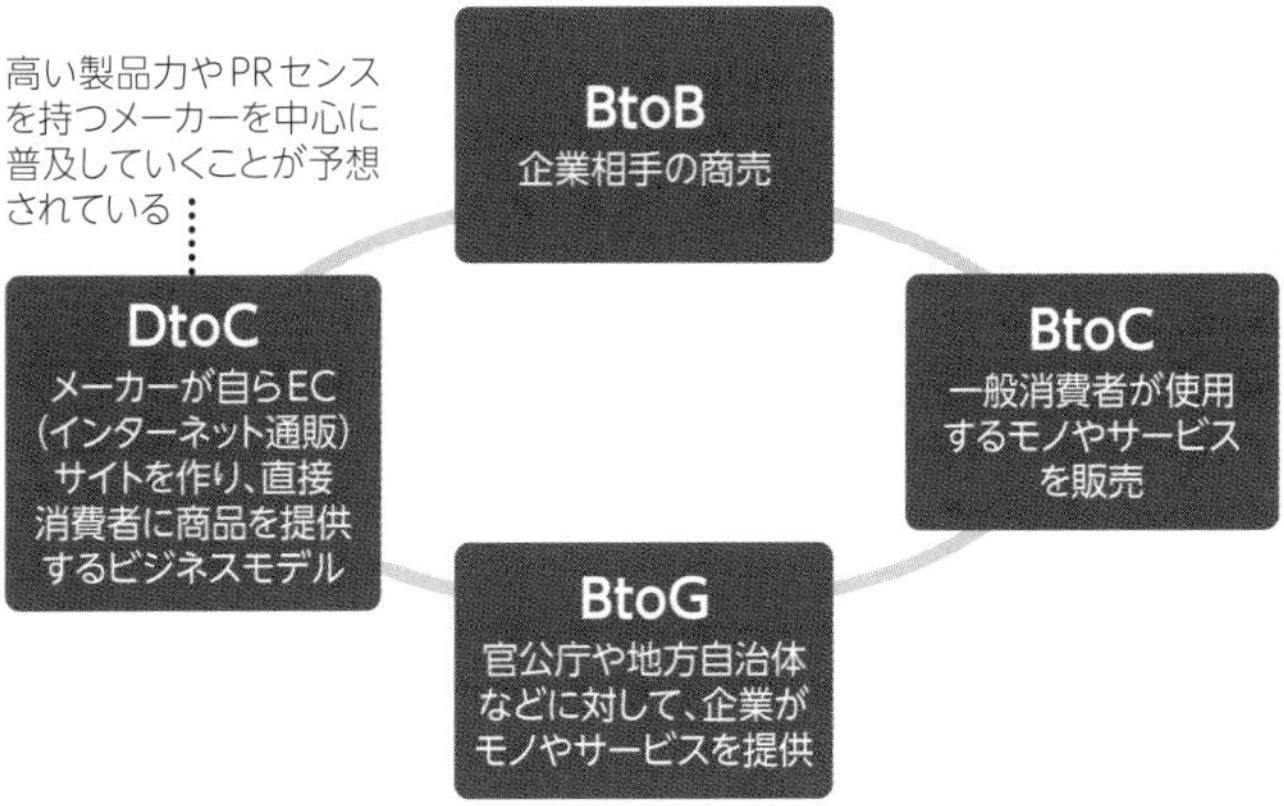
BtoB
企業相手の商売
BtoC
一般消費者が使用するモノやサービスを販売
BtoG
官公庁や地方自治体などに対して、企業がモノやサービスを提供
DtoC
メーカーが自らEC(インターネット通販)サイトを作り、直接消費者に商品を提供するビジネスモデル
高い製品力やPRセンスを持つメーカーを中心に普及していくことが予想されている

通常はメーカーが製品を製造し、商社や販売子会社等を通じて小売業に卸し、小売店舗が販売を行なうことが一般的です。しかし、流通経路に業者が入れば入るほど、消費者への販売価格は高くなるうえ、メーカーの利益が少なくなってしまいます。

自前のECサイトを構築すれば土地も実店舗も販売員もほとんど不要です。

高い製品力やPRセンスを持つメーカーを中心に普及していくことが予想されています。

# ベンチャー企業を取り巻く環境は改善しつつある

## ▼ソニーも昔はベンチャー企業だった!?

**ベンチャー企業に関して明確な基準や定義はありませんが、独自のアイデアや技術をもとにして、新しいサービスやビジネスを展開する企業がベンチャー企業とされています。**

新興企業と同じ意味で用いられることもあり、主に成長過程にある企業を指します。既存の大手企業が新技術や新製品を開発した場合に、その大手企業をベンチャー企業とは呼びません。

例えば、ソニーグループは１９４６年に従業員数約20名の小さな会社「東京通信工業」

としてスタートしました。その後、日本で初めてテープレコーダーやトランジスタラジオの開発に成功し、今やAV機器だけでなくゲーム、音楽、金融事業も展開しています。創業当時は機械製造のベンチャー企業だったのです。

しかし、現在では世界的に有名な巨大企業ですから、これから新技術や新製品を開発してもベンチャーと呼ばれることはありません。

通信や半導体、バイオなど技術革新の早い業界では次々にベンチャー企業が生まれています。以前は、創業間もない企業は金融機関からの融資を受けにくかったので、設備投資や研究開発資金に困り、ビジネス展開が遅れるケースが少なくありませんでした。

しかし最近では、資金を調達するために、株式公開を目指すベンチャー企業が増えていますし、有望なベンチャー企業を選んで出資するベンチャーキャピタルも増えています。

**ベンチャーキャピタルとは、未上場のベンチャー企業に出資して株式を取得し、将来的にその企業が株式を上場した際に株式を売却し、大きな値上がり益の獲得を目指す企業の**

**ことです。**

ベンチャー企業は出資してもらった資金を使って技術開発を進めたり、事業を拡大したりします。ベンチャーキャピタルが経営指導などのサポートを行なうこともあります。

創業したばかりのベンチャー企業の株価は低いのですが、ベンチャーキャピタルから調達した資金や経営指導によって成長すると株価は上昇します。

ベンチャーキャピタルは株価が上昇したところで売却して利益を得るのです。

株式公開をするときだけでなく、ベンチャー企業を買収したい企業に株式を売却して利益を得ることもあります。

## ▼ベンチャーとスタートアップは違う！

最近、「スタートアップ企業」という言葉を聞くことが多くなりました。

**スタートアップ企業とは、ベンチャー企業の中でも特に「新しいビジネスを短期間で成**

**長させる」という意識の強い企業を指します。**

スタートアップ企業は短期間での目標達成を狙い、目標達成後には企業を売却するケースがよくあります。

一方、ベンチャー企業は比較的安定した収益を狙って中長期的なスパンで目標達成を目指すことが大半です。

では、ここでユニコーン企業についても説明します。

**ユニコーン企業とは、現在非上場ですが、上場した場合に時価総額が1000億円以上になると見込まれるベンチャー企業を指します。**

こうした成長性の高い企業はとても珍しいので、幻獣であるユニコーンになぞらえてユニコーン企業と呼ばれます。

日本政府もベンチャー企業への支援を強化しています。

政府が2020年に閣議決定した「成長戦略フォローアップ」では、2025年度までに時価総額が10億ドル以上のユニコーン企業、または上場ベンチャー企業を50社創出するとの目標を掲げました。

最後に、ベンチャー企業と単なる中小企業の違いについて説明します。

創業してあまり年月の経過していないＩＴ企業が「ＩＴベンチャー企業」と自称していることがよくあります。

しかし、従来からある技術やビジネスモデルで業務を行なっているならば、ベンチャー企業ではありません。

単に創業間もない中小企業がＩＴビジネスを行なっているにすぎません。

# 老舗企業の凄みに注目

## ▼日本企業の平均年齢は34・1年

「老舗企業」に関する明確な定義はありませんが、創業100年を超えると老舗と呼ばれることが多いようです。

私は取材で学生にインタビューすることがあります。

また、大学で授業や講演もしているので、学生と話し込むことがあります。

学生の間ではベンチャー企業の人気が高く、老舗企業はあまり人気がありません。彼らから見ると老舗企業は古くさい「オワコン企業」です。

「オーナー社長がふんぞり返っていて、硬直した社風の中、同じ製品やサービスを作り続けている」というのが老舗企業のイメージのようです。

しかし、現実はまったく違います。

筆者は学生に対して「ベンチャー企業を否定しないが、創業100年以上の老舗企業にも注目した方が良い」とアドバイスしています。

**東京商工リサーチによれば、日本企業の平均年齢は34・1年。**企業というのは存在し続けるだけでもたいへんなのです。

**歴史ある企業は長い間多くの試練に揉まれて、それに打ち勝ってきたのです。**

2023年に創業100年を迎える企業の場合、1923年から2023年までの間にあらゆるピンチに遭遇し、乗り越えてきたことになります。

関東大震災（1923年）、第2次世界大戦（1939～45年）、戦後の混乱（1945～50年）、石油ショック（1973年と1979年）、リーマンショック（2008年）、新型コロナ蔓延（2020年～）……100年の間に様々な危機が企業を襲ったのです。

しかし、老舗企業は生き残って現在に至ります。

創業200年の企業ならば天保の改革（1841年）による不況、幕末から明治維新（1867年）にかけての混乱期を乗り切ったことになります。

さらに、日清戦争（1894年）、日露戦争（1904年）といった国難もくぐり抜けています。

もっと古い企業ならば、ここに書き切れないほどの苦難をくぐり抜けてきたことになります。

一言で言えば、老舗企業は経営力が高い。

だからこそ生き残っています。

ビジネスパーソンが老舗企業から学ぶことは多いはずです。営業先、提携相手、そして転職先としても優れています。

また、老舗企業の中には上場企業もあるので、株式投資先としても期待できるでしょう。

## ▼創業1000年超の会社が10～20社もあるという事実！

東京商工リサーチによれば、2023年末までに国内で創業100年以上となる企業は4万2966社あります。

**日経BPが2019年に行なった調査では、創業100年超企業が世界で一番多いのは日本でした。**

ところで、読者の皆さんは世界で一番古い企業がどこにあるか知っていますか。

実は世界最古の企業は日本にあるのです。

金剛組ホームページ

大阪の金剛組という建設会社で、創業は飛鳥時代の578年。

聖徳太子は四天王寺を建立するために朝鮮（百済）から技術者を招聘しました。そのうちの一人が金剛組初代の金剛重光という人なのです。

現在は41代目の子孫が在籍しています。金剛組は1400年以上も寺や神社を作り続けています。

1000年以上の企業は金剛組だけではありません。**国内には10～20社程度の1000年企業があります。**奈良県に本社を置く五位堂工業は老舗鋳物メーカーですが、正確な創業年は分かりません。

しかし、奈良時代の745年に東大寺の大仏「盧舎那仏像」の建立に携わったとの資料は残っているので、約

１３００年の歴史を持つことはたしかです。

戦国時代末期の１６１４年には京都・方広寺の大鐘の建造に携わりました。

この方広寺の大鐘とは、秀吉亡き後の豊臣家が建造したものです。鐘に刻まれた「国家安康」の文字に徳川家康が難癖をつけ、それが「大阪冬の陣」のきっかけになったという有名な鐘です。

現在は祖業である鋳造の技術を使って、船舶用エンジン部品や工作機械用部品などを製造しています。

フランスに創業２００年超の老舗企業のみが加盟を許される「エノキアン協会」という団体があります。

エノキアンという名称は、『旧約聖書』に登場し３６５歳まで生きたとされるエノクに由来します。

同協会にはヨーロッパ企業と日本企業合わせて52社（2023年2月現在）が加盟していますが、その中で最古の企業は石川県で温泉旅館「法師」を運営する善吾楼。設立は718年（養老2年）です。

ヨーロッパで最古の企業はドイツの金属加工メーカー「The Coatinc Company」ですが、設立は1502年なので創業520年。

金剛組や五位堂工業、善吾楼の半分にも満たないのです。

日本には多数の老舗企業があるだけでなく、他国と比較して企業年齢が圧倒的に高い。現代のビジネスパーソンが学ぶべき対象企業が多数存在することになります。

## ▼老舗企業ほど実力主義!?

老舗企業と言えば、ぼんぼん育ちの創業家の長男が後を継ぎ、優秀でなくても番頭が経営を支える、といったイメージがありませんか。

しかし、老舗企業の後を継ぐというのは甘いものではありません。

例えば、世界最古の金剛組では、分家が継承したり、外部から婿を取ったりしているケースが多いのです。

静岡文化芸術大学の曽根秀一教授の調査によると、江戸時代初期の第25代から第40代までの当主のうち、10人の当主が長男以外、もしくは他家から登用された人物です。

金剛家では直系長男であっても、当主に適任でないと評価されれば当主になれませんでした。また、いったん当主になっても、能力不足と見なされれば解任されて、家から追放されることもありました。

中庄は1783年（天明3年）に創業した紙の専門商社。

初代・庄八が定めた家憲の中には**「当主の実の長男には後を継がせず、他家から優秀な養子を取って後継ぎにする」**と書いてあります。

2代から6代までは養子継承が続きました。養子として中庄に入った人たちが中庄の基盤を築いたのです。

老舗企業は実力主義であり、当主の長男に生まれたからといって、のんびりしていられるような甘い体質ではありません。

もしそうであったならば、現代まで継続することはなかったでしょう。

## ▼実は失敗に寛容な老舗企業

老舗企業は代々同じ事業を営み、新しいことに手を出して失敗など許されないと思われがちです。しかし、**老舗企業は前向きな失敗に寛容です。**

お酢、みりん、納豆などで有名なミツカンは失敗を恐れないチャレンジング企業です。

現在の愛知県半田市で酒造業を営んでいた初代の中野又左衛門が１８０４年（文化元年）に分家独立し、お酢の醸造を開始したのがミツカンの始まり。

かつてミツカンがビール事業を手掛けていたことを知っていますか。

ビール製造には、お酢の製造技術が役に立つので、関連性がないわけではありません。１８８９年に「丸三麦酒（まるさんびーる）」を発売し、１８９６年には「丸三麦酒株式会社」を設立しました。一時は国内シェア第５位でしたが、競争が厳しく儲からないと判断し、事業を売却しました。

１９７１年にはハンバーガーショップ事業を始めました。マクドナルドが銀座に第１号店を出店したのも１９７１年のことです。ミツカンは「ハンダス」という名称のハンバーガーショップを東京都内を中心に展開しましたが、マクドナルドなどとの競争が厳しく約10年後に事業撤退しました。飲料事業やカット野菜の製造・販売でも失敗した経験があります。

一方、１９９７年に参入した納豆事業では大成功を収めています。お酢の製造で培った菌の発酵技術は納豆製造にも役立つのです。現在、日本の納豆業界では第２位のメーカーであり、納豆はミツカンにとって重要な主力製品です。

ミツカンは老舗企業ですが、前例踏襲型の保守的な企業ではありません。酒造業からスタートしてトライアンドエラーを繰り返しながら今の地位を築きました。

## ▼財テクに走らず本業重視

香川県に本社のある小野は1911年（明治44年）の創業で、関東・関西・中四国地区で大型手芸専門店「ドリーム」を101店展開しています。

第3代社長の小野耕一氏は「投資が成功しても失敗しても商売には良くない。土地や株で儲かると現在行なっている商売が馬鹿らしくなる。損をしても痛手。また、気になって本業が手につかなくなる。投資に手を出して良いことは一つもない」と常々言っていたそうです。

**小野はバブルに浮かれて財テクに手を出さなかったので、バブル崩壊の影響をほとんど**

**受けませんでした。**現在は4代目の兼資氏が社長を務めていますが、本業重視で実質借金ゼロの堅実経営です。

仙台市に本社を置く藤崎は1819年（文政2年）創業の老舗百貨店。

バブル末期には売上高・営業利益が過去最高となりました。

当時は利益を財テクに投入する企業が珍しくありませんでしたが、**藤崎は利益を活かして赤字部門の整理に着手し、系列会社12社のうち8社を清算しました。**株や不動産投資にはいっさい手を出さなかったことで、バブル崩壊後も業績を大きく悪化させずにすみました。

住友家の家訓の中にある**「確実を旨とし浮利に趨らず」**とは投機的な経営を戒めた文章として有名ですが、住友家に限らず老舗企業が最も重視するのは本業。たとえ家訓になっていなくても、老舗企業には投機を許さない雰囲気があるようです。

ここまで紹介してきた企業は非上場企業ですが、上場企業の中で最古企業は松井建設です。

石川県で創業し、現在は東京都に本社を置いています。

創業は天正14年。「大正」ではなく、「天正」。戦国時代末期の１５８６年です。

同社の有価証券報告書の沿革欄は「当社は、現会長16代の祖、角右衛門が天正14年前田利長公の命を受け、越中守山城の普請に従事し、……」という文章で始まります。松井建設の創業者・角右衛門が前田利長に城の建設を命じられたのがきっかけで松井建設が生まれました。

前田利長とは、加賀藩（石川県）の始祖である利家の長男。利家は豊臣秀吉の盟友として有名な人物です。

寺社建設を得意としていますが、それだけを手掛けてきたのではありません。

同社は関東大震災（１９２３年）の後に東京へ進出し、一般建築を手掛けるようになり

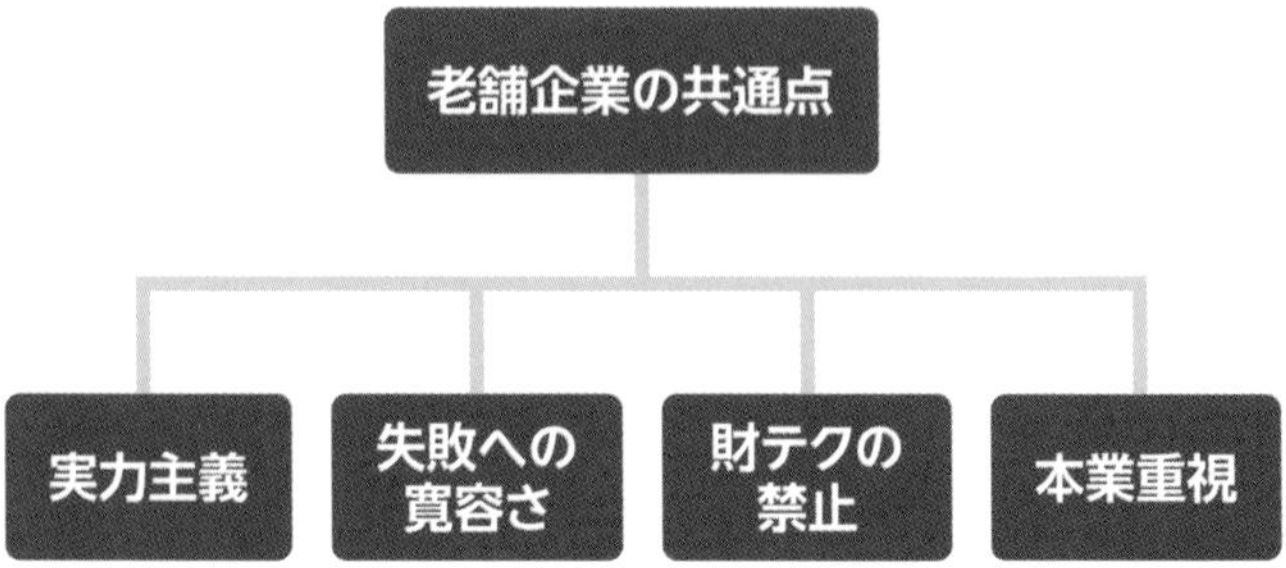


ました。

その後、第2次世界大戦後に連合国軍の家族宿舎を受注したのが成長のきっかけです。

過去の代表的な施工例として、小田原城や金沢城の再建工事のほか、東京都庁第一本庁舎などが挙げられます。

また、学校や病院、ソーラー発電所の建設も手掛けています。

戦国時代に創業した企業ですが、建設という本業から外れず、建設の中で様々な分野にチャレンジしつつ今日まで成長してきました。

**「実力主義」「失敗への寛容さ」「財テクの禁止」「本業重視」など老舗企業には共通点があります。**

当たり前のことを続けてきたとも言えますが、当たり前のことをきちんと実践するのは難しいことです。ベンチャー企業だけでなく、老舗企業にも目も向けることで、皆さんのビジネスや転職の幅が広がることでしょう。

# 国内企業の中で大企業はわずか0.3%!?

## ▼大企業・中小企業を分ける基準とは？

「A社は大企業、B社は中小企業」といった話をよく聞きますが、何を基準に企業を大手と中小に分けるのでしょうか。

大企業＝有名企業でしょうか？　大企業＝上場企業でしょうか？　答えは違います。

企業は規模によって大手、中小、小規模企業（零細企業）と分類されます。そして分類するにあたって明確な基準があります。

**中小企業基本法という法律では、従業員数で明確に企業を分類しています。**

例えば、製造業の場合は従業員数300人以下が中小企業です。逆に言えば300人を1人でも超えれば大企業です。
また20人以下であれば小規模企業（零細企業）に分類されます。

卸売業やサービス業では100人以下が、小売業では50人以下が中小企業です。また、卸売、小売、サービス業では5人以下が小規模企業（零細企業）に分類されます。

しかし、ビジネス社会での感覚で言うと300人超で大企業というのはしっくりきません。大企業というのはもっと大きな企業を指すのが普通でしょう。

**リクルートが就職関連のデータをまとめるときには、5000人以上は巨大企業、1000〜4999人は大企業、300〜999人は中堅企業、300人未満は小規模企業と分類しています。**

**法律に基づいた分類ではありませんが、このリクルートの基準がビジネス社会の感覚を**

リクルートによる企業分類

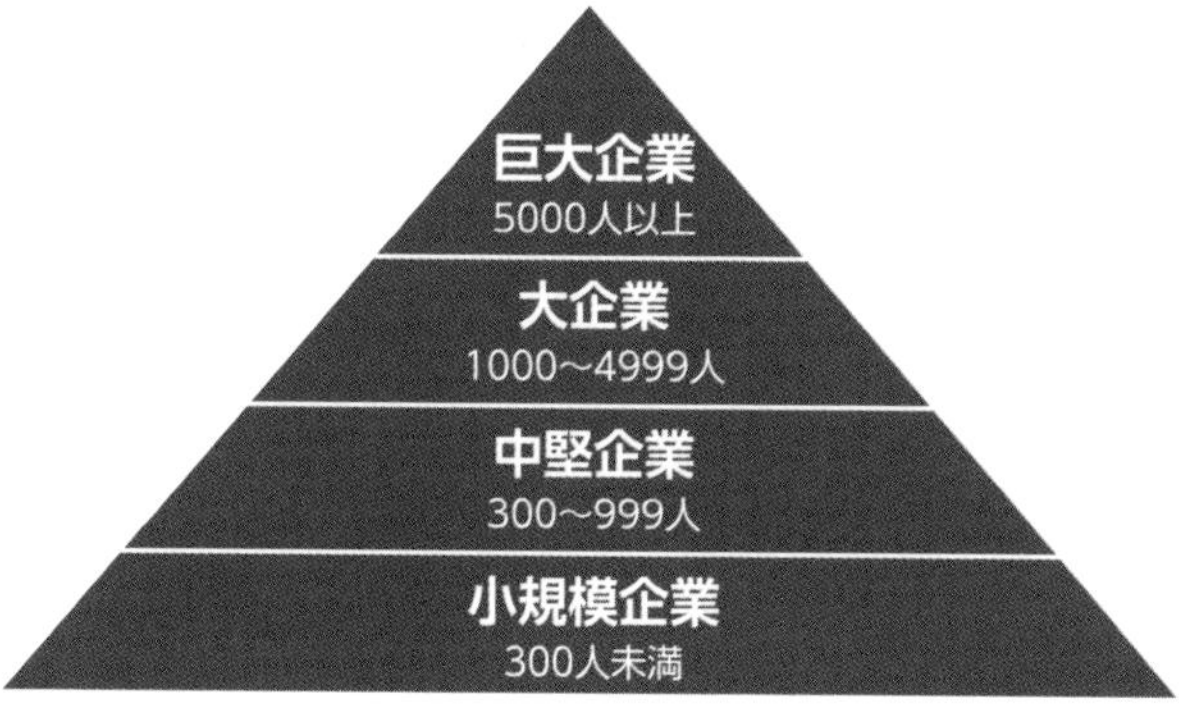


**反映していると思います。**

中小企業法やリクルートの基準以外にも分類基準はあります。

会社法には、中小企業の定義に関する規定はありませんが、大企業の定義については規定があります。

会社法では、大会社を「資本金5億円以上または負債総額200億円以上の株式会社」と定めています。逆に言えば、「資本金5億円未満または負債総額200億円未満」であれば、中小企業ということになります。

法人税法では、「中小企業」は、「中小法人等」と規定され、資本金が1億円以下であれば中小法人等となります。

## ▼非上場大企業もあれば上場中小企業もある

大企業、中小企業、小規模企業（零細企業）というのは、あくまでも規模による分類であり、上場・非上場、知名度などは関係ありません。

**非上場の大企業もあれば、上場している中小企業もあります。知名度の低い大企業もあれば、知名度の高い中小企業、小規模企業もあります。**

「国内企業の大半は中小企業で、大企業は一握りしか存在しない」。こんなことを聞いたことはありませんか。国内にある企業総数は約360万社ですが、大企業はそのうち0・3%程度です。

また、従業者数で見ると日本の全従業者数約4680万人に対して、大企業の従業者数は3割程度にすぎません。大多数の人は中小企業または小規模企業で働いていることになります。

# イメージとはかなり違う！外資系企業

## ▼外資系と国内系を分ける明確な基準はない

企業を外資系と国内系の２つに分けることができます。

外資系と聞くと皆さんはどんな企業を想像しますか。

オフィスには欧米系の外国人が多く、公用語は英語で、頻繁に海外出張に出かける、といったイメージでしょうか。

そのほか国内企業は「終身雇用」で休日が少ない、外資系企業は「成果主義」で休日が多いといった印象をお持ちの方が多いでしょう。

外資系企業と言ってもいろいろな企業があるのですが、外資系企業について偏ったイメージが先行しています。

ここでは外資系企業について整理しておきたいと思います。

外資系企業とはその名の通り、外国の投資家や法人が投資した企業です。

**しかし、「出資比率が〇〇％以上ならば外資系」といった明確な基準は存在しません。**

日本貿易振興機構（ジェトロ）が2022年3月に発表した「外資系企業ビジネス実態アンケート」によると、出資比率に関わらず外国企業が出資している企業は国内に6582社あります。

一口に外資系企業といってもいくつかの形態に分けられます。

## ▼外国企業の日本法人

外資系企業と言ってすぐに思い出されるのは、「海外の企業が日本に進出」したケースです。日本コカ・コーラ、日本アイ・ビー・エム、日本マイクロソフトなどが有名です。これらの企業は長期間にわたって日本国内で事業を展開し続けています。

### ▼外国企業が日本企業と共同出資で設立した企業

外国企業が、日本市場でビジネスを効率的に遂行するため、日本企業と組んで法人を設立したケースもあります。

出資比率によってグローバル色の強い法人もあれば、日本企業的な雰囲気の強い企業もあります。ニベア花王、ヤフー、B－Rサーティワンアイスクリームなどが代表的な事例です。

### ▼外国企業が日本企業に出資、または買収した企業

外国企業が日本企業に出資したり日本企業を買収したりして、日本企業が外資系に変化

することもあります。2016年に台湾の鴻海（ホンハイ）精密工業に買収されたシャープはこのケースに当てはまります。

## ▼北米系よりもアジア系の方が多い

先述の「外資系企業ビジネス実態アンケート」で出資元企業を地域別に見ると、ヨーロッパ系企業が39・8％、北米系が21・2％、アジア系が34・0％となっています。外資系というと欧米系企業のイメージが強いかもしれませんが、アジア系は北米系より多く、しかも増加傾向にあります。

所在地域別に見ると、東京都（57・3％）、次いで神奈川県（11・0％）、京都府（7・5％）、大阪府（4・9％）の順となっています。外資系企業のほとんどは大都市にあり、地方で外資系企業に勤務するのは困難です。

## ▼英語が不得意でも外資系に入社できるか？

外資系に就職したい、転職したいと思ったときに気になるのが英語力でしょう。

外資系企業で働く日本人はバイリンガルのような人ばかりと思われがちですが、実際は違います。求められる英語力は勤務する企業や所属する部署、仕事の内容によって異なります。

**外資系企業が日本国内でビジネスを展開しているのは、日本企業や日本人相手にモノやサービスを販売するためです。**

外資系企業とはいえ、日本人が日本人相手にビジネスをするときに、英語は重要ではありません。

外資系企業に入社して海外を飛び回るように仕事をしたいと思う人もいるでしょう。しかし、ポジションの高くない一般社員の場合、海外駐在どころか、海外出張すらないことがあります。

外資系企業は日本国内でのビジネスのために日本人社員を雇っているのですから、こうした社員に海外出張させることはありません。

一般社員がそれほど英語を使わない外資系企業もあるのです。

日本人社員であっても、高いポストに就いているならば、海外本社や日本以外のオフィスと連絡を取り合わなければならないので英語力は必要です。

また、外資系企業では幹部向けの研修会や勉強会が英語で実施されることが多いため、英語を理解できないと十分な知識やスキルを身につけることができません。企業の中でキャリアアップして幹部として活躍したいのならば英語は極めて重要です。

「外資系企業は能力主義で、若くても高給を得られるが、成果を挙げなければすぐに解雇される」と思い込んでいる人はいませんか。そんな企業もあるでしょうが、すべての企業がそうではありません。

**日本でのビジネス歴が長く、日本人社員が多い外資系企業では、一般的な日本企業に似た勤務制度を採用しているケースが少なくないのです。**

もし、外資系企業への就職や転職を考えているならば、外資系企業を十把一絡げにするのではなく、企業や所属する部署、職種ごとに吟味してください。

# ドラスティックな決断もすぐにできる！オーナー企業のメリットとデメリット

「オーナー企業」とは、創業者一族など特定の一族が株式を所有し、経営を行なっている企業を指します。同族企業、ファミリー企業とも呼ばれます。

創業一族のメンバーが社長を務めている場合、その人を「オーナー社長」と呼びます。

特定の一族が発行済み株式の過半数を保有していることが原則ですが、過半数に達していなくても創業一族が実質的に支配していることもあります。

有名なオーナー企業であるソフトバンクグループを例に説明しましょう。

ソフトバンクグループは孫正義さんが１９８１年に創業し、筆頭株主として全株式の26・1％を保有すると同時に社長を務めています（２０２２年9月末現在）。

全株式の過半数を保有しているわけではありませんが、筆頭株主なので会社を所有する権利は一番強いのです。

また、社長ということは、会社運営の最高責任者ということになります。

**オーナー社長は、会社の中で最も力を持っているので、好きなように事業を行なうことができます。**

ソフトバンクの場合は、大型M&Aを繰り返して巨大企業に成長しました。

数兆円規模のM&Aの場合は社内で反対があったそうですが、最終的に孫さんがやると決めれば、それで決まりです。

新聞やニュースを見ていれば、ソフトバンクの中で孫さんが最も力を持っていることが分かると思いますが、それは孫さんがオーナー社長だからです。

## ▼経営の意識が高いオーナー企業の長所

創業者であれば、自分が起こした会社なので、会社を成長させたい、何が何でも潰さないという強い意志があります。

そこで、会社のために全身全霊を注いでがんばります。

また、2代目以降は先代から引き継いだ会社を絶対に倒産させない、無事に次世代につながなければならない、とのプレッシャーのもと経営を行ないます。

「社長在任期間さえ無難に過ごせば良い」と考えるサラリーマン社長とは緊張感が違います。

また、サラリーマン社長と違って、オーナー社長は任期が長いので、長期的な視野に立った経営をすることができます。

費用と時間のかかる技術開発はオーナー企業が得意とするところです。

## ▼意思決定が早い

オーナー社長には権限が集中しているので、何かを決定するときに社内で根回しする必要がありません。そこで、意思決定のスピードが早い。どんどん新しいことを取り入れて、トライアンドエラーを繰り返しながら、進んでいくことができます。

一方、サラリーマン社長の場合は方針決定の前に社内調整が必要です。そんなことをしている間に、ビジネスチャンスを逃すことが珍しくありません。

## ▼オーナー企業の短所 ―社長の独走を止められない―

社長に権限が集中しているので、社員が意見を言えない、または言っても聞いてもらえない、という企業は珍しくありません。

社長の経営判断が正しいときは良いのですが、判断を間違えると一気に経営が傾くこともあります。

また、社長が公私混同などの問題行動をとっても、周囲が何も言えず、大きなスキャンダルに発展することもあります。

## ▼創業家のメンバーが優遇される

オーナー企業で優遇されるのは創業家のメンバーです。これといった実績がなくても、重要な地位に就いていることがあります。社長の後継者は社長の子どもであることが多いです。キャリアアップ志向の強い人にオーナー企業は向いていないかもしれません。

創業家で内紛が起きることがあります。大塚家具での社長（娘）と創業者（父）の激しい対立は記憶に新しいでしょう。経営方針をめぐる対立が社長ポストの争奪戦へつながり、業績は大きく悪化しました。

結局、２０２１年に大塚家具は上場廃止となり家電量販のヤマダホールディングスの完全子会社となりました。２０２２年にはヤマダデンキに吸収合併され法人としては消滅してしまいます。今ではヤマダデンキの一部門に過ぎません。

オーナー企業内での争いは「骨肉の争い」であり、いったん始まるとかなり深刻な状況になることがあります。

## ▼創業家以外からの社長とは？

社長の後継者の年齢が若い場合、後継者が経験を積んで一定の年齢に達するまでの間、非創業家出身の社員が社長を務めることがあります。

前任の社長や創業家に経営能力を認められていれば、創業家のメンバーでなくても社長に指名されます。

しかし、株式を十分に保有していないのでその立場は弱く、自由に経営するのは難しいようです。

常に創業家の意向を意識しなくてはなりません。

また、社長在任中に業績向上などの実績を上げても、前任社長の子どもが一定の年齢になれば退任せざるを得ません。野球で言えば、ワンポイントリリーフのようなものです。

国税庁の会社標本調査（2020年度）によれば国内企業のうち96・5％がオーナー企業です。

オーナー企業というとネガティブなイメージを持つ人がいますが、日本においては非オーナー企業が特殊な企業形態なのであって、オーナー企業が普通の形態なのです。

**今後、皆さんが営業先や仕入れ先、または提携相手や投資対象として様々な企業と付き合うと思います。その企業のほとんどはオーナー企業であると認識しておいてください。**

# 本当に理解している？上場・非上場企業の違い

## ▼証券取引所とは株を売り買いする「市場」だ

「上場企業＝優良企業」というイメージがあります。

上場企業は上場していることをアピールしますが、上場とはどういうことでしょうか。

新聞や雑誌に「東証プライム市場」と書いてあるのを見ることがあるでしょう。東証とは「東京証券取引所」のことです。

証券取引所というと難しくて近寄りがたい場所のような感じがしますが、株を売ったり買ったりする「市場（いちば）」です。

**基本的な仕組みは魚市場や青果市場と変わりません。**ですから、東京株式市場、または東京マーケットなどと呼ぶこともあります。

証券取引所で取引されている株を「上場株式」といいます。上場株式を発行している企業が「上場企業」です。どんな企業でも上場企業になれるわけではありません。

上場するためには様々な審査があり、審査に通った企業だけが上場企業になれるのです。**問題のある企業が上場後に倒産すると、株を買った人が損害を被るので、証券取引所は慎重に審査します。**

上場企業は上場審査をパスした企業なので、優良企業と見なされるのです。上場企業になると信用があるので販売や仕入れなどがしやすくなるし、従業員の採用でも有利になります。

## ▼株とは何か？

ところで、「株」とは何でしょうか。

株投資をギャンブルと見なす人が少なくありませんが、株はギャンブルの手段ではありません。

株とは資金調達のために存在します。

事業を始めるときにはお金がかかります。自分のお金だけでまかなえれば良いのですが、なかなかそうもいきません。

そこで、開業資金を集めるために２つ方法があります。

**一つは銀行などから借金をすることです。**

借金をした場合、毎月返済をしなければなりませんし、利子も支払わなければなりません。また、事業不振で返済が滞れば、銀行が経営に介入してくるし、借金の担保を取り上げられることもあります。

**もう一つは株の発行です**。知り合いなどに資金を投資してもらい、その代わりに証書を発行します。その証書が株で、投資をした人が株主です。

**株式を発行して資金を調達した場合、そのお金を返済する必要がありません**。利益が出れば、その一部を配当金として株主に支払いますが、利益が出ないときや、利益が少ない場合は配当金を支払わなくても良いのです。資金調達では借金よりも株の発行の方が有利です。

業績の良い企業は配当金をたくさん支払うので、その企業の株を買いたい人が出てきます。

一方、お金が必要なため、保有している株を売りたい人もいます。**売りたい人と買いた**

**い人を結びつける場所が証券取引所です。**

業績の良い企業は配当金をたくさん支払うので、その企業の株を買いたい人が出てきます。そこで、株価が上昇します。

反対に業績が良くない企業は配当金の支払いを停止したり、減額したりします。こうした企業の株を欲しがる人は少なく、売りたい人が増えるので株価は下がります。

**企業は事業を始めるときだけ株式を発行するのではありません。新たに工場を建設したり、新店を出店するときなどにも株を発行して資金を集めます。**

上場していない企業でも株を発行して資金を集めることは可能です。

しかし、**非上場企業は株を売り買いする市場を使えないので、多くの投資家を集めるのが難しい。従って多額の資金を調達するのが困難です。**

## ▼上場のデメリットとは？

ここまで述べてきたように上場には多くのメリットがありますが、デメリットもあります。まず、**上場していると株を買い占められて、乗っ取られてしまう可能性があります。**

株式市場はすべての人に開かれていますので、いつの間にか自社の株が知らない投資家や企業に買い占められてしまうことがありえます。

そういった事態にならないように、上場企業は自社の株価推移や出来高（取引株数）の変化をウォッチし続けなければなりません。企業を守るにはコストと手間がかかります。

また、**株式会社は毎年株主総会を開催しなくてはなりません。**

株主総会とは、株式会社の最高意思決定機関です。

会社の所有者である株主が、会社にとって重要な事項を決定する会議です。

会社の経営陣が総会に提案した内容が承認されないと会社は何もできません。

非上場企業ならば、株主の数は多くないし、そのメンバーは固定されているケースがほとんどです。株主総会が紛糾することはありありません。

しかし、上場企業の場合は様々な人、企業、団体が株主となっています。会社の経営陣に対して敵対的な株主もいますし、こうした株主が総会で何を言い出すか分かりません。

敵対的な株主も参加する総会で会社側の提案を通すのは並大抵の苦労ではありません。

また、**上場企業は株主の数が多いので、株主総会の開催通知を送るだけでもたいへんですし、会場を用意する手間もかかります。**上場企業にとって株主総会の開催はとても大きな負担なのです。

**負担の大きさを嫌って、上場審査は余裕でクリアできるにもかかわらず、上場しない大手企業があります。**

サントリーホールディングス、ＹＫＫ、竹中工務店などは各業界のトップ企業ですが上場していません。

# なぜ変わった？東証の新上場区分とは

## ▼60年ぶりに市場区分を変更

76ページに書いたように、証券取引所は株を売買する市場（いちば）です。

日本には東京証券取引所（東証）、名古屋証券取引所、福岡証券取引所、札幌証券取引所などがありますが、東証の規模が圧倒的に大きいので東証について説明します。

東証はニューヨーク証券取引所や上海証券取引所とともに世界を代表する証券取引所の一つです。東証は企業規模などによって**プライム市場、スタンダード市場、グロース市場**の3つの市場に区分されています。

**プライム市場には国際的に展開する大企業１８３８社が所属しています。**

株主数８００人以上、時価総額（注）１００億円以上などの基準をクリアした企業です。

**スタンダード市場のメンバーは国内中心に事業展開する企業１４４９社です。**

上場基準は株主数４００人以上、時価総額10億円以上です。

**グロース市場には成長性の高い新興企業５０９社が所属しています。**

株主数１５０人以上、時価総額５億円以上が基準です（企業数は、３市場とも２０２２年12月16日時点）。

プライム、スタンダード、グロースといった区分がスタートしたのは２０２２年４月４日です。

それまでは東証一部、東証二部、マザーズ、ＪＡＳＤＡＱの４つに区分されていました。

東証が市場区分を再編するのは60年ぶりのことでした。

（注）時価総額

時価総額とは「株価×発行済み株式数」で計算され、企業規模を示します。数値が大きいほど会社の価値が高いと評価されます。

## ▼なぜ市場再編？

「東証一部上場」というと名門の一流企業というイメージがありませんか？

たしかに昔はそうでした。

東証一部に上場すれば、取引や資金調達、採用で有利になるだけでなく、名誉なことでもありました。

**多くの企業が「東証一部上場」を目指し、歯を食いしばってがんばったものです。**

ところが、２００２年に東証が上場企業数を増やすために、上場基準を引き下げたことから、一部上場企業が急増します。

その後の約20年間で一部上場企業は約７００社も増え、東証の上場企業全体の６割を占めるようになりました。

６割ともなれば名門一流企業ではなく、普通の企業です。

個別に企業を見てみると、時価総額が10億円台の企業もあれば30兆円超の企業もあり、「東証一部上場」の価値が極めて曖昧となってしまいました。

また、東証二部、マザーズ、ＪＡＳＤＡＱの3市場とも、「これから成長して一部上場を目指す企業のための市場」というのがコンセプトであり、３市場の位置づけが分かりにくい状況でもありました。

そこで、明確なコンセプトをもとに4市場を3市場に再編したのです。

## ▼上場ルールを改正

市場再編とともに基準改正も行なっています。

以前は東証一部へ上場するためには時価総額が250億円以上必要でしたが、上場廃止基準は10億円割れでした。

いったん上場してしまえば、よほどのことがない限り上場廃止にはならなかったのです。**これでは企業が上場をきっかけに「さらに成長しよう」と意欲を持つことはないでしょう。**そこで、今回の改正では上場基準と廃止基準を同じにしました。時価総額100億円を割れば上場廃止です。

また、これまでは一部上場へのルートが2つあり、基準が統一されていませんでした。非上場企業が直接一部上場を目指す場合は250億円以上の時価総額が必要でしたが、東証二部やマザーズにいったん上場してから、一部へ転部する場合に求められる時価総額は40億円以上でした。

その差はあまりにも大きく、日本証券取引所グループの清田瞭CEOは『週刊東洋経済』のインタビューで**「一部上場への裏口を認めるようなものだった」**と反省の弁を述べています。今回の改正でこうしたルートはなくなりました。

60年ぶりの市場区分改正ですが、問題点もあります。

新市場がスタートした2022年4月頃は新聞や雑誌で多くの批判記事を見かけました。

次項では問題点について解説します。

# 上場資格のない企業がプライム市場に上場している？

## ▼想定よりも緩い上場基準

市場再編の検討を始めたのは、東証一部上場企業が多すぎる、しかも優良企業とは言えない企業も多く存在する、そんな状況をなんとかしよう、との機運が高まったからです。日本で最高の市場には、最高の市場にふさわしく、一定以上の規模を持ち、グローバルに活躍する企業を集める予定でした。

ところが、最高の市場であるはずのプライム市場には、プライムという言葉にふさわしくない企業が多数存在します。

22年3月31日時点で東証一部上場企業は２１７６社ありましたが、そのうち１８３９社がプライム市場に移行しました。

**なんと一部上場企業の85%がプライムへ移行したのです。**

これでは市場再編と言えません。相変わらずグローバル大企業とそうでない企業が混在しています。

上場基準をより厳しくすれば良かったのですが、そうすると脱落企業が出ます。旧東証一部企業はスタンダード市場やグロース市場に上場されることをトップ市場からの格下げと認識します。

格下げによるイメージダウンを避けたい企業は、政治家などの力を借りて金融庁や東証にプレッシャーをかけました。その結果、上場基準は当初の想定よりもかなり緩くなってしまったのです。

例えば、プライム市場の上場基準を時価総額５００億円とする声が多かったのですが、結局１００億円となりました。

## ▼295社がプライム上場基準を満たしていなかった

基準が緩いことに加えて、さらに大きな問題があります。

実はプライム市場への上場基準を満たしていない企業がプライム市場に上場しているのです。

2022年4月4日時点でプライム市場には1839社が上場されていましたが、そのうちの295社は上場基準を満たしていませんでした。

「経過措置」という制度があり、企業がプライム基準を満たすための計画書を提案すれば、東証一部からプライム市場に移行することができたのです。

激変緩和のためですが、この経過措置には問題があります。

2022年4月段階では経過措置の期限が決まっていなかったのです。

東証は2023年1月になって経過措置の期限を発表しましたが、プライム市場からの撤退の期限は２０２６年になるとの内容でした。プライム基準を満たしていないのに、４年もプライム市場に上場し続けられるのです。長すぎるとの批判は少なくありません。

# 第2章

# ビジネスエリートは知っている！有望企業の探し方

〈新聞・TV・証券アナリスト〉

# スマートなビジネスパーソンならば自分で企業研究をしよう

## ▼情報収集の基本は新聞を読むこと

新聞は企業情報の宝庫です。

新聞を読めば読むほど企業を知ることができるはずですが、新聞を読む人は減少しています。特に若者の新聞離れが進んでいます。

私は全国の大学で年間約70回講演しています。

学生に「今日、新聞を読んできましたか」と聞くと、まったく手が挙がらないことが珍しくありません。

学生よりもビジネスパーソンの方が読んでいると思いますが、それでも読んでいない人が圧倒的に多いでしょう。

企業のことを知りたいと言いながら、企業情報の宝庫から目を背けるのはおかしな話です。

## ▼全部読まなくていい

まず最初に言います。新聞は全部読まなくていい。

新聞に掲載されている文字量は、どれくらいだと思いますか?

新聞社によって多少違いますが、日経新聞朝刊の文字数は約25万字。新書2冊分もの情報量が詰まっているのです。

毎朝、新書を2冊読むのは、いくら読書好きでも難しいでしょう。

新聞を毎朝全部読むことは不可能です。

そして、全部読む必要もありません。

**時間がないならば1面だけでかまいません。**1面には世間の関心が高いニュースが載っています。

世の中の動きを最もよく表しているのが1面なのです。

また1面には、その日の新聞内容の簡単な目次が載っています。

政治、経済、国際、社会などのカテゴリーごとに主なニュースが簡潔に紹介されています。ここをチェックするだけでも社会の動きを把握できます。

**記事を読むのが負担ならば、見出しとリードだけでかまいません。**

「読む」と言うより「見る」という感じです。

ちなみに新聞紙面では下よりも上の方に、左よりも右の方に重要な記事が載っています。

そこで、紙面の右上から左下に向かって記事をチェックするといいでしょう。

2面、3面は1面の記事をより深めるような内容です。

2〜3面は読まなくてもかまいません。

4面から最終ページまで見出しとリードのチェックができれば理想ですが、新聞に慣れていない人にはハードでしょう。

4面以降はページをめくりながら、興味の湧いた記事の見出しやリードを読みましょう。読みたいところだけ読めばいいのです。

見出しとリードだけでなく、おもしろそうな記事があれば読んでみてください。

通常の文章は、「起承転結」の形で書かれていることが多く、最後まで文章を読まないと結論が分かりません。

しかし、**ほとんどの新聞記事は、結論が先に書かれています。**

**通勤時間帯など忙しいときに読む人が多いので、重要事項を先に持ってきているのです。**

そのため、記事の前半を読むだけで概要を把握することができます。

記事を読むのを途中で止めてしまっても問題はありません。

# 経済記事をどう読めばいいか

## ▼読みにくければ日経新聞は読まなくてもいい

新聞の基本的な読み方は前項で解説しました。ここでは経済記事を克服するための方法について書きます。

ビジネスパーソンは言うまでもなく、ビジネス社会で活動しているのですから、経済が分からなければ話になりません。

ビジネスパーソンならば経済記事を読むべきです。

経済記事と言えば日経新聞ですが、**「日経新聞は難しい」**、**「日経新聞を読むのはストレ**

**ス」と感じる人は日経新聞を読まなくてもかまいません。**

無理して日経新聞を手に取っても、いやいや読むならば頭に入らないし、続かないでしょう。

日経新聞はビジネスパーソンを対象にしているので、読者が経済の仕組みや専門用語をある程度理解しているという前提で書かれています。

株や為替など金融マーケットに関する記事が多いし、会計制度に関する記事が一面となることもあります。

国際ニュースも経済関連のものが多い。経済系の知識が不十分な人には読みにくい新聞です。

## ▼一般紙の経済面は読みやすい

そこで、経済記事が苦手な人には**読売新聞や朝日新聞など一般紙の経済面を読むことをお勧めします。**

一般紙ならば何でもかまいません。

一般紙の経済面は多くても４ページ程度。

ビジネスパーソンだけを対象とした新聞ではないので、分かりやすくかみ砕いて書いてあります。

**読み方ですが、まず経済面の見出しは全部読みましょう。**

記事を全部読むのはたいへんでも、見出しを読むのは簡単なはずです。

そして、どの記事でもいいから一本だけは全部読みましょう。

マクロ経済の記事を読むのは面倒でも、食品や自動車などの新製品の紹介記事などは難しくないはずです。

分からない専門用語が出てきても、内容が理解できなくても気にせずに最後まで読み通しましょう。英文を読むときに分からない単語を読み飛ばすのと同じ要領です。

毎日読み続けることが重要です。

旅行などで読めなかった場合、保存しておいて後で読むということはやめた方がいい。たまった新聞を読まなくてはならないというプレッシャーが、読む気力をそいでしまいます。

前日読めなかったことは気にせずに、当日の新聞の経済欄をしっかり読むことが重要です。新聞はナマものですから、新しい新聞が手に入ったら古い新聞は捨ててしまいましょう。

毎日、一般紙の経済面を読んでいれば、自ずと日経新聞を読む力がついてきます。読者の皆さんはビジネスパーソンとしての成長を目指していると思います。

そういった方達が、一般紙の経済面を毎日読み続ければ、すぐに日経新聞を読みこなす力がつくはずです。日経新聞と言っても分厚い経済の専門書ではありません。

## ▼日経新聞を読み続けるためにお勧めの固定欄3つ

とっつきにくい印象のある日経新聞ですが、好きな固定欄があれば、それを楽しみに毎日読み続けることができるのではないでしょうか。

ここでは、私がお勧めする3つの固定欄を紹介します。

**まず1つめが「私の課長時代」。**

上場及び上場に準じる企業の社長が自らの課長時代を語るコーナーです。

非主流部門への更迭、問題を抱えた子会社への出向命令、上司からのイジメ、取引先からの罵倒など、多くのビジネスパーソンが経験し、悩むエピソードが満載です。

なんと言っても読み物としてもおもしろいです。

そして、**読みながら会社の歴史や社風を知ることができます。**

また、社長の若き日の失敗談や裏話などを通じて、リアルな仕事の様子を知ることができます。

**あなたが仕事で落ち込んだときに読めば、「あの有名な社長にもそんな時代があったのか」と元気づけられることでしょう。**

## 2つめが「私の履歴書」。

日経新聞最終面に掲載されている人気コーナーで、1956年にスタートし、現在も続いています。

「私の課長時代」は企業の社長しか登場しませんが、「私の履歴書」は各界の著名人が、出生から現在に至るまでの生涯を描く自伝です。

経営者だけでなく、政治家や文化人、元スポーツ選手など様々な分野の著名人が登場します。海外の政治家や経営者の自伝が掲載されることもあります。

**3つめは「大機小機」。**

日経新聞の真ん中あたりに、金融関連の記事が掲載されている「マーケット総合」というページがあります。その左上にあるコラムが「大機小機」です。経済・金融に精通した複数の人が匿名で書いています。

内容は政府や日銀、企業のやっていることに対して、独自の視点から「もの申す」といった感じです。

大勢に流されず言うべきことは言うという姿勢が貫かれています。

「もの申す」とは言っても、よくある精神論ではありません。

主張の根拠となるデータをしっかりと明示しています。

**普段あまり目にしないデータもあるので、このデータに触れるだけでもこのコラムを読む価値があるでしょう。**

実は「大機小機」の連載スタートは１９２０年。

100年以上も続いています。

長期間にわたって読まれてきたということは、このコラムのクオリティの高さを証明しています。私も読んでいますが、これまで「目からウロコ」の思いをしたことが何回もありました。

## ▼2倍速で経済ニュースを視聴

また、テレビニュースを見るようにしましょう。

テレビでニュースの概要を把握しておけば、新聞を読んだときに記事内容を理解しやすいです。

新聞であれ、ネットであれ、自分で読むにはエネルギーが必要ですが、映像を見るのは楽です。こちらがボーッとしていても、映像と音声で説明してくれます。

テレビ東京系列で夜10：00（金曜は夜11：00から）から放送されている『ワールドビジネスサテライト』は経済ニュースが中心なのでお勧めです。

テレビ視聴に要する時間がもったいない、決まった時間に必ずテレビを見るのは難しいという人にはテレビ東京の経済動画サービス「テレ東ＢＩＺ」をお勧めします。

「テレ東ＢＩＺ」では『ワールドビジネスサテライト』をはじめテレビ東京の人気経済番組を月額５５０円で何回でも視聴することができます。

Ｗｅｂサイトだけではなく、アプリ、ＴＶデバイスでも利用可能です。

ＣＭなしに１・５倍速、２倍速でも視聴できるので、忙しい人に最適です。

『ワールドビジネスサテライト』のテレビでの放映時間は58分ですが、ＣＭなし2倍速ならば23分程度で全部視聴できるのです。

# 株価チェックで日本経済と企業の状況を知る

## ▼日経平均株価は日本経済のバロメーター

個別企業について分析する前に、日本経済全体の状況を把握する必要があります。そのために、新聞やテレビ、ネットニュースを見るのは当然ですが、私のお勧めは株価チェックです。

株価といっても個別企業の株価ではなく日経平均株価です。

日経平均株価とは、日本の株価全体の動きを表す代表的な指標です。「日経平均」や「日経225」と呼ばれることもあります。

日経平均株価は経済状況が良好であれば上昇します。

反対に景気が低迷している、またはこれから悪化しそうだ、というときに下がります。

**日経平均株価は日本経済の好不調を表すバロメーターなのです。**

毎日、日経平均株価をチェックすることは日本経済をチェックすることです。

一流のアスリートは体調管理のために、毎日体温や血圧のチェックをするそうです。皆さんが一流のビジネスパーソンを目指すのであれば、日経平均株価を毎日チェックしましょう。

日経平均は新聞でもネットでもどこでもチェックすることができます。

毎日、スマホか手帳に書き込んでおきましょう。

エクセルに打ち込む必要などありません。

例えば、日経平均が175円45銭高の2万7696円58銭であれば、「＋175・45　27696・58」などとメモするだけでいいのです。

無味乾燥な数字の羅列となりますが、我慢して続けましょう。

**毎日、日経平均をチェックしていると、日経平均が大きく上がる日があれば、大きく下がる日もあることに気付きます。**

数字が動くと、無味乾燥だった数字に興味を持つようになるはずです。

日経平均が上がったり、下がったりする理由が気になってきます。

ここで、普段から見ている新聞記事やニュースが役立ちます。

例えば、株価が大きく上がった日に「国内自動車販売台数が増加した」という記事があれば、景気が回復してきたから株価が上がったのだろう、と想像できるでしょう。

また、株価が大きく下落した日に、「原油価格が上昇した」という記事があれば、原油価格が株価に影響したのだと予測できるでしょう。

もしかしたら、株価は他の理由で変動したのかもしれません。

しかし、それでもいいのです。

新聞の経済欄を読み、株価をチェックしているからこそ経済の動きに興味を持ったのです。そして、経済動向を自分なりに予測することができたのです。

株価ではなく、円ドルの為替相場のチェックではどうかと思う方がいるかもしれません。

経済の動きを理解するにあたって、為替相場を意識することは重要です。

しかし、円ドル相場は日本経済の絶対的な状況を表す指標ではありません。

**円ドルの為替相場は米国経済に比べて日本経済がいいか、悪いかという相対評価で決まります。**

ですから、日本経済の状況が悪くても、米国経済がもっと悪ければ円高になります。日本経済の状況が良くても、米国経済がもっと良ければ円安になります。

日本経済の絶対状況を知るには株価の方が適しています。

絶対的状況を表す日経平均株価と相対的状況を表す為替相場の違いを認識しつつ両方の

データを見ておきましょう。

## ▼投資家目線で企業を見る

個別企業の状況を分析するにも株価が参考になります。

借金をして大きなリスクを背負いながら、株を買う投資家は珍しくありません。業績はもちろん、役員人事、新製品開発、工場などの設備投資計画、企業内のスキャンダルなど企業のあらゆる面に投資家は目を光らせています。

投資家は株価に関係のあることに関してとても神経質なのです。

株価が上昇するということは、神経質な投資家がその企業の将来性を高く評価したということです。

株価が上昇している企業は、先行きが有望なことが多いのです。

経済全体が好調にもかかわらず、株価が低迷しているとしたら、その企業は問題を抱えているかもしれません。

逆に不況下で同業他社の株価が下がっているときに、株価が上昇していればその企業の将来性は高いといえます。

自分が興味を持っている企業の株価が、過去の高値を上回ったり、安値を下回ったりしたときは注意してください。

株価チャートを見ると株価の動きがよく分かります。

株価が上昇傾向にあるのか、それとも下降傾向にあるのか、トレンドを確認してください。

※株価は短期的には噂や株式市場の特殊要因で上下することがあります。しかし、中長期的には経済の基礎的条件を反映して上下します。

# 今すぐ誰にでもできる企業分析

## ▼自分で計算して企業を比較

証券アナリストのような企業分析のプロでなくても企業について分析することはできます。

既に発表されているデータをもとに計算し、企業比較をするのは難しいことではありません。ここでは4つの企業分析方法について説明します。

### ■営業利益率（営業利益÷売上高×100）

まず1つ目が営業利益率の計算です。

営業利益率とは、いかに効率よく利益を上げているかを表す指標です。

**「営業利益÷売上高×１００」で算出します。**

例えば、売上高が５００億円で営業利益が50億円のA社と、売上高が１０００億円で営業利益が50億円のB社があったとします。

A社の営業利益率は10％（50億円÷５００億円×１００）。

B社の営業利益率は５％（50億円÷１０００億円×１００）です。

利益額は同じでもA社の方が効率の良い経営をしていることが分かります。

一方、B社は無駄の多い経営をしているということになります。仕入価格が高い、光熱費や広告宣伝費などが多すぎるといったことが考えられます。

「営業利益率」というと難しく聞こえるかもしれませんが、計算するのはとても簡単です。

## ■従業員1人当たり売上高（売上高÷従業員数）

2番目は「従業員1人当たり売上高」を計算することです。

**売上高÷従業員数で算出します。**1人当たりの売上高が多い企業の方が効率が高いのは言うまでもありません。

日本企業の人件費は高いので、少ない人数で売り上げを稼ぐことが重要です。

売上高が多くても、従業員も多いのならば、経営効率が低いということになります。

## ■ROE

3番目はよく話題にのぼるROEです。

**ROEとは「Return On Equity」の略で、「自己資本利益率」ともいいます。**

**ROEは「当期純利益÷自己資本×100」の計算式で求められます。**

純利益とは売上高から原価やすべての費用、税金などを差し引いたもので、最終利益とも呼ばれます。自己資本とは総資産から借入金などの負債を除いたものです。企業が他者へ返済する必要のない本当の資産とも言えます。

ＲＯＥが高いのは、少ない自己資本で多くの純利益を上げた結果なので、経営効率が高いことを意味します。株式市場ではＲＯＥの高さが評価されます。

しかし、ＲＯＥについては注意が必要です。純利益が増加してＲＯＥが上昇するのは良いことですが、借金が増加（自己資本が減少）してＲＯＥが上昇する場合もあるのです。借金が増加するのは良いことではありません。借金が多いと新型コロナ蔓延のように突発的な危機に対応できないことがありえます。**ＲＯＥ上昇の理由を正確に把握することが重要です。**

## ■ＲＯＡ

4番目がＲＯＡです。

**ＲＯＡとは「Return On Assets」の略で「総資産利益率」ともいいます。「純利益÷総資産×１００」で算出されます。**総資産の規模の割に純利益が大きいか、小さいかを判断することができます。

総資産の中には借金も含まれています。

借金によって膨らんだ資産をもとに無理に売り上げを拡大させたとしても、利子を支払わなくてはならず、結局は大して利益を得られません。

規模が大きいのに純利益が小さい企業は無駄が多すぎて、存続していくのが難しいでしょう。

ここまで、「営業利益率」、「従業員1人当たり売上高」、「ROE」、「ROA」について説明してきました。業界によってビジネスモデルが違うので、こうした指標を比較するときは同業他社同士にしましょう。他業界の企業と比較しても、あまり意味はありません。

売上高、営業利益、従業員数、純利益、自己資本、総資産は『会社四季報』や企業のホームページに載っています。

また、ROEとROAについては自分で計算しなくても『会社四季報』に掲載されています。

# 簿記が分かれば企業理解が進む

## ▼経理部以外でも経理能力が必要

経理能力というと、「経理部ではないから関係ない」と思っている方が多いと思います。しかし、経理部の社員のみに経理能力が必要とされているのではありません。営業、経営企画、購買（原材料などを仕入れる部署）などを担当する場合も経理的な能力は必要です。

例えば、商品を販売する場合、販売先企業の経営内容を分析する必要があります。経営状態の悪い会社に商品を販売し、代金を回収する前にその会社が倒産してしまったらたいへんです。

販売した分が全額損失になってしまいます。

そうならないためには事前に相手企業の経営状態をチェックしなくてはなりません。それには決算書類を理解する能力が必要です。営業担当者にも経理能力は必要です。

そのほか、自社で新たな投資をする場合には自社の財政状態を把握する必要があります。

例えば、新店舗を出店するには費用がかかります。

となると、出店費用はいくらまでなら用意できるのか、借金した場合は会社全体にどんな影響があるのか、ということについて緻密に検討しなくてはなりません。

こうした検討をするにあたっては経理的な能力が必要となります。

おそらく、この本をお読みで、経理部門以外に勤務されている人も経理能力の重要性に気付いているはずです。

しかし、「経理の勉強をするのが面倒だ」「データ作成は経理部に任せて、自分は営業に専念すればいい」などとして、経理能力の向上という課題から目を背けているのではありませんか。

## ▼簿記2級が目標だが、最低でも3級取得

経理的な能力を身につけるといっても、どのように勉強すればいいのでしょうか？　勉強の目標として簿記検定取得をお勧めします。

簿記とは企業の経営活動を記録・計算・整理して、経営成績と財政状態を明らかにする技能です。

難易度の高い順に1級、2級、3級、簿記初級、原価計算初級まで5段階ありますが、目標は2級、最低でも3級を取得しましょう。目標があれば勉強しやすいものです。

資格試験というのはよくできていて、資格取得のために勉強すると能力が身につくようになっています。簿記検定取得のために勉強すると、経理能力だけではなく、経営管理能

力の基礎が身につきます。ちなみに2級以上であれば、転職するときに評価されます。

学習するにあたっては専門学校への通学をお勧めします。専門学校の講座は効率的に構成されていますし、通学することが学習のペースメーカーになります。最近は通学しなくてもWebで授業を受けることができます。授業料はかかりますが、検定試験合格への時間を節約できます。

多くの企業が社員に簿記検定取得を勧めています。あなたの企業にも専門学校の授業料や教材費、受験料などを補助する制度があるかもしれません。会社の制度をチェックしてみることをお勧めします。

# 第3章

# ビジネスエリートは知っている！有望企業の探し方

〈会社四季報・就職四季報〉

# 『会社四季報』で企業分析してみよう

## ▼ホームページや転職サイトの記事だけでは不十分

企業研究に役立つ本として『会社四季報』（東洋経済新報社）を紹介します。

会社四季報とは、日本のすべての上場企業の財務データ、業績予想、事業の状況、最新トピックまでをコンパクトにまとめた企業情報誌です。

年に4回（3、6、9、12月）発行していることから「四季報」と命名されています。約200人の記者が1社ずつ取材し、約100人のデータ担当者が企業の財務データを収集・整理して作成します。

東洋経済の記者である私も四季報制作の時期には企業を取材して記事を書き、企業の業績予想数値を計算しています。四季報は東洋経済にとって重要な出版物ですので徹夜することもあります。

『会社四季報』は株式投資のための本というイメージが強いと思います。

しかし、株式投資以外でも大いに役立つのです。

例えば、**販売先企業や提携相手企業を探したり、調べたりするときに役立ちます。**読者の中には転職を考えている人もいると思いますが、**転職先を見つけるときにも有用です。**

会社四季報の創刊は1936年（国内では2・26事件があった年）。87年も続いているロングセラー情報誌です。

最近は雑誌の休・廃刊が多いですが、その中で刊行を継続しています。長ければいいというものではありませんが、長いということは多くの人たちに信頼されてきた証拠です。

企業について調べるときに、その企業のホームページを見ればいいと思う人が多いと思います。ホームページを見ることは重要ですが、それだけでは不十分です。**企業は自社にとって都合の悪い情報を詳しく掲載しません。**掲載したとしても目立たないような見せ方にします。ホームページだけではその企業のリアルな姿が見えないのです。

また、転職サイトでも企業情報を見ることができますが、これも不十分です。**掲載企業は転職サイトにお金を支払って自社の情報を掲載しています。転職サイトにとって掲載企業はお客さんですから、転職サイトは掲載企業の悪い情報を掲載しません。**

## ▼会社四季報は公正な客観情報を掲載

一方、東洋経済は取材して企業の情報を会社四季報に掲載していますが、取材対象の企業からお金をもらっていません。

掲載企業に対して忖度する必要はないのです。

東洋経済は会社四季報を購入してくれた読者からお金をいただいていますので、企業には気兼ねせず、読者にとって役立つ情報を掲載することを第一に考えています。**企業にとって書かれたくない記事や情報でも掲載します。**

例えば、会社が「今期は営業利益が伸びる」と発表していても、東洋経済の記者が取材して営業利益が減少すると判断すれば、「営業利益は減少する」と明確に書きます。新商品についても、発売する企業は素晴らしい商品だとPRしますが、東洋経済の記者が新商品に問題があると判断すれば「新商品に問題あり、売り上げ拡大は望めず」などと書きます。

**会社四季報は読者の立場に立って、客観的な情報を掲載しているからこそ、企業情報誌としての価値があるのです。**

次のページからは、四季報の読み方についてかみ砕いて解説していきます。

# 会社四季報の読み方
# 9ヵ所見ればその企業が分かる

## ▼売上高（図中①）と営業利益（図中②）をチェック

会社四季報には情報がギッチリ詰まっていますが、9ヵ所チェックするだけで、その企業がどんな企業なのか簡単に理解できます。

会社四季報の左下に数字が並んでいますが、これは企業の業績推移と今後の予想を表しています。

業績では、売上高（図中①）と営業利益（図中②）に注目します。

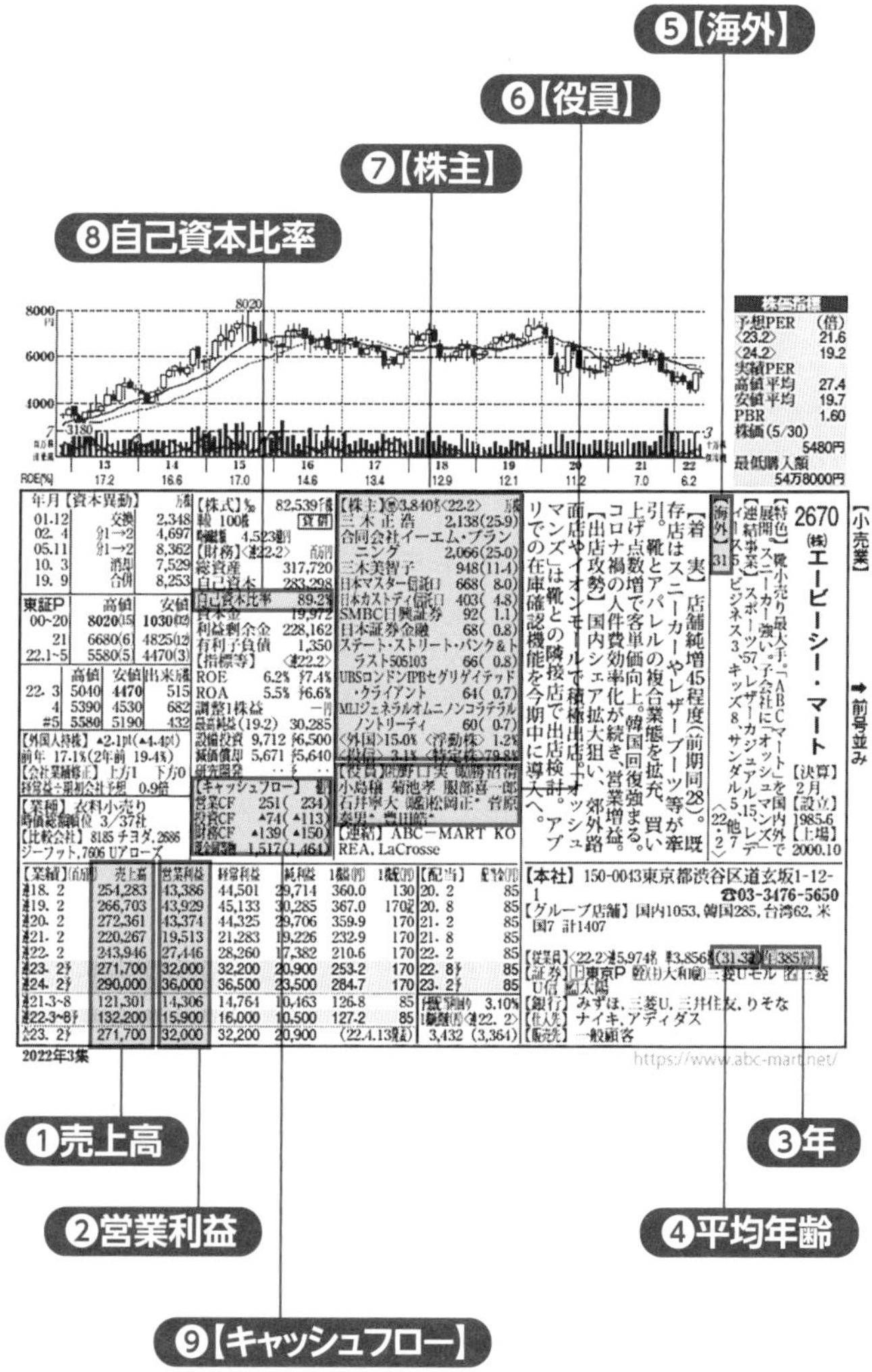


【小売業】 2670 (株)エービーシー・マート ➡前号並み

【決算】2月 【設立】1985.6 【上場】2000.10

【特色】靴小売り最大手。「ABCマート」を国内外で展開。スニーカー強い。子会社に「オッシュマンズ」

【連結事業】スポーツ57、レザーカジュアル15、レディース5、ビジネス3、キッズ8、サンダル5、他7〈22・2〉

【海外】31

【着実】店舗純増45程度（前期同28）。既存店はスニーカーやレザーブーツ等が牽引。靴とアパレルの複合業態を拡充、買い上げ点数増で客単価向上。韓国回復強まる。コロナ禍の人件費効率化が続き、営業増益。

【出店攻勢】国内シェア拡大狙い、郊外路面店やイオンモールで積極出店。『オッシュマンズ』は靴との隣接店で出店検討。アプリでの在庫確認機能を今期中に導入へ。

| 年月【資本異動】 | | 万株 |
|---|---|---|
| 01.12 | 交換 | 2,348 |
| 02. 4 | 分1→2 | 4,697 |
| 05.11 | 分1→2 | 8,362 |
| 10. 3 | 消却 | 7,529 |
| 19. 9 | 合併 | 8,253 |

| 東証P | 高値 | 安値 |
|---|---|---|
| 00~20 | 8020(15) | 1030(02) |
| 21 | 6680(6) | 4825(12) |
| 22.1~5 | 5580(5) | 4470(3) |

| | 高値 | 安値 | 出来成 |
|---|---|---|---|
| 22. 3 | 5040 | 4470 | 515 |
| 4 | 5390 | 4530 | 682 |
| #5 | 5580 | 5190 | 432 |

【外国人持株】▲2.1pt(▲4.4pt)　前年 17.1%(2年前 19.4%)
【会社業績修正】上方1　下方0
経常益÷期初会社予想 0.9倍

【業種】衣料小売り　時価総額順位 3/37社
【比較会社】8185 チヨダ, 2686 ジーフット, 7606 Uアローズ

【株式】% 82,539千株　単位 100株　時価総額 4,523億円　【貸借】

【財務】〈連22.2〉百万円
総資産 317,720
自己資本 283,298
自己資本比率 89.2%
資本金 19,972
利益剰余金 228,162
有利子負債 1,350

【指標等】〈連22.2〉
ROE 6.2%　予7.4%
ROA 5.5%　予6.6%
調整1株益 一円
最高純益(19.2) 30,285
設備投資 9,712　予6,500
減価償却 5,671　予5,640
研究開発 ‥　予‥

【キャッシュフロー】億円
営業CF 251( 234)
投資CF ▲74(▲113)
財務CF ▲139(▲150)
現金同等物 1,517(1,464)

【株主】(単)3,840名〈22.2〉万株
三木正浩 2,138(25.9)
合同会社イーエム・プランニング 2,066(25.0)
三木美智子 948(11.4)
日本マスター信託口 668( 8.0)
日本カストディ信託口 403( 4.8)
SMBC日興証券 92( 1.1)
日本証券金融 68( 0.8)
ステート・ストリート・バンク＆トラスト505103 66( 0.8)
UBSロンドンIPBセグリゲイテッド・クライアント 64( 0.7)
MLIジェネラルオムニノンコラテラルノントリーティ 60( 0.7)
〈外国〉15.0%　〈浮動株〉1.2%
〈投信〉3.1%　〈特定株〉79.8%

【役員】(会)野口実 (副)勝沼治 小島穣 菊池孝 服部喜一郎 石井康大 (監)松岡正 菅原泰男 豊田晴

【連結】ABC-MART KOREA, LaCrosse

| 【業績】(百万円) | 売上高 | 営業利益 | 経常利益 | 純利益 | 1株益(円) | 1株配(円) |
|---|---|---|---|---|---|---|
| 連18. 2 | 254,283 | 43,386 | 44,501 | 29,714 | 360.0 | 130 |
| 連19. 2 | 266,703 | 43,929 | 45,133 | 30,285 | 367.0 | 170記 |
| 連20. 2 | 272,361 | 43,374 | 44,325 | 29,706 | 359.9 | 170 |
| 連21. 2 | 220,267 | 19,513 | 21,283 | 19,226 | 232.9 | 170 |
| 連22. 2 | 243,946 | 27,446 | 28,260 | 17,382 | 210.6 | 170 |
| 連23. 2予 | 271,700 | 32,000 | 32,200 | 20,900 | 253.2 | 170 |
| 連24. 2予 | 290,000 | 36,000 | 36,500 | 23,500 | 284.7 | 170 |
| 連21.3~8 | 121,301 | 14,306 | 14,764 | 10,463 | 126.8 | 85 |
| 連22.3~8予 | 132,200 | 15,900 | 16,000 | 10,500 | 127.2 | 85 |
| 会23. 2予 | 271,700 | 32,000 | 32,200 | 20,900 | (22.4.13発表) | |

| 【配当】 | 配当金(円) |
|---|---|
| 20. 2 | 85 |
| 20. 8 | 85 |
| 21. 2 | 85 |
| 21. 8 | 85 |
| 22. 2 | 85 |
| 22. 8予 | 85 |
| 23. 2予 | 85 |

予想配当利回り 3.10%
1株純資産(円)〈連22. 2〉 3,432 (3,364)

【本社】150-0043東京都渋谷区道玄坂1-12-1　☎03-3476-5650
【グループ店舗】国内1053, 韓国285, 台湾62, 米国7 計1407
【従業員】〈22・2〉連5,974名 単3,856名(31.3歳)[年385万円]
【証券】[上]東京P [幹](主)大和(副)三菱Uモル [名]三菱U信 [監]太陽
【銀行】みずほ, 三菱U, 三井住友, りそな
【仕入先】ナイキ, アディダス
【販売先】一般顧客

株価指標
予想PER(倍)〈23.2〉21.6　〈24.2〉19.2
実績PER　高値平均 27.4　安値平均 19.7
PBR 1.60
株価(5/30) 5480円
最低購入額 54万8000円

2022年3集
https://www.abc-mart.net/

まず、売上高を見てみましょう。

期を追うごとに売上高が少しずつでも増加しているのが優良企業です。

売上高が減少傾向にあるということは企業規模が縮小していることを示します。企業規模が縮小しているということは、その企業が衰退していることを意味します。

## ▼営業利益とは本業で稼いだ利益

利益にも営業利益、経常利益、純利益といろいろありますが、**営業利益が最も重要です。**

なぜならば、営業利益とは本業によって儲けた利益だからです。

**本業によって儲けた利益が、その会社の本当の力を表します**（経常利益や特別利益には、本業以外で得た利益や被った損失が含まれています）。

自動車会社なら自動車を売って得た利益、食品会社ならば食品を売って得た利益です。

土地売却など本業以外で得た利益は入っていません。

売上高から売上原価と販売管理費を引いたものが営業利益です。

自動車の場合ならば、部品代や工場労働者の給料などが売上原価です。広告宣伝費や本社の人件費、配送費などが販売管理費となります。

売上高と営業利益がともに伸びている企業が良い企業と言えます。

売上高が伸びていても、売上原価を抑制できなかったり、販売管理費を使いすぎれば営業利益は減少、または赤字になってしまいます。

そうした企業は優良企業とは言えません。

## 民間企業は利益を上げることが最大の目標です。

利益重視というと、意地汚いイメージを抱く人がいるかもしれませんが、利益は重要です。

利益があるから、その一部を先行投資に回して企業は成長することができます。利益があるからこそ、従業員に給料を支払うことができます。社会貢献活動をするための原資も利益です。

そして、多額の利益を上げれば、多額の税金を納めるのですから、社会全体への貢献となります。企業にとって利益は重要なのです。

「売上高と営業利益がともに伸びている企業が良い企業」と先述しましたが、**トレンドで見てください。**

企業にも様々な事情があります。中長期的な成長を考えて多額の設備投資をした結果、減益になる期はあります。

低採算事業から撤退することで、売上高が減少してしまう期もあります。

売上高や営業利益がたまに前期よりも減少したり、赤字になったりするのはやむを得ません。

また、２０１１年の東日本大震災、２０１９年に発生した新型コロナウイルス感染症の拡大、２０２２年のロシアによるウクライナ侵攻など想定外の出来事が起きることもあります。

こうしたときに業績が前期よりも悪化するのは仕方ありません。

売上高と営業利益の推移はトレンドで見てください。

# 会社四季報で平均年齢と年収をチェック

## ▼平均年収は「経営力」を表す

「年」（図中③）とは平均年収を意味します。

基本給以外にボーナスや家族手当などの各種手当、残業代を含みます。ここから税金が差し引かれるので、手取り額は記載金額より少なくなります。言うまでもありませんが、社員にとって収入の多寡は重要です。会社四季報では平均年収が一目で分かります。

また、年収はその企業の経営力を表します。

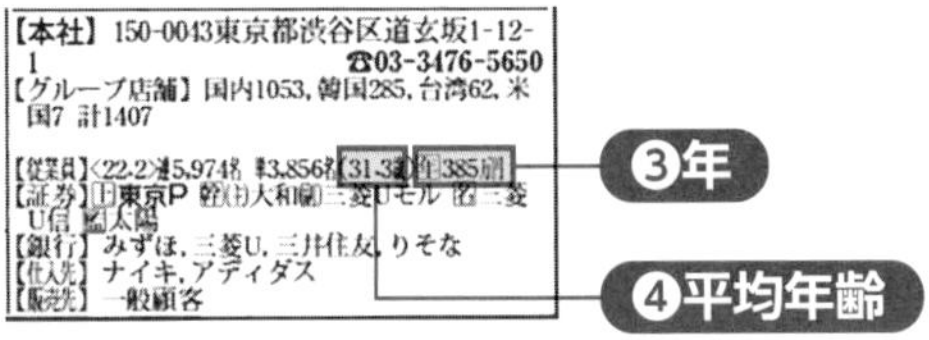
【本社】150-0043東京都渋谷区道玄坂1-12-1 ☎03-3476-5650
【グループ店舗】国内1053, 韓国285, 台湾62, 米国7 計1407
【従業員】<22.2>連5,974名 単3,856名(31.3歳)年385万円
【証券】上東京P 幹(主)大和(副)三菱Uモル 名三菱U信 監太陽
【銀行】みずほ, 三菱U, 三井住友, りそな
【仕入先】ナイキ, アディダス
【販売先】一般顧客


**年収が高いということは、企業の利益水準が高いこと、すなわち経営が上手であることを示します。**

**反対に年収が低いのは、利益をたくさん稼ぐことができない、すなわち経営が上手ではないことを示します。**

業界内で見ると、業績の順位と年収の順位は一致することが多いものです。

年収をチェックするときは、左隣の（　）内に掲載してある平均年齢（図中④）も同時にチェックしましょう。平均年齢が低くて平均年収が高い企業もあれば、平均年齢が高いのに年収が低い企業もあります。

## ▼年収は同じ業界内で比較する

**「年収が高い、低い」を判断するには、1社の数字だけを見るのではな**

## く、同業他社との比較で判断してください。

例えば、年収８００万円と書いてあった場合。高額と思う人は多いでしょうが、その業界では高額ではないというケースはあります。

なぜ同業他社の比較を勧めるかというと、年収は業界ごとに大きな差があるからです。東洋経済の調査では、40歳時点での年収が一番高いのは総合商社（１３１９万円）、第2位がコンサルティング（１１４６万円）、第3位が海運（９３５万円）です。

反対に年収が最も低いのは介護（４３９万円）、第2位が百貨店（４６１万円）、第３位が外食・中食（４８８万円）です。

同じ40歳でも総合商社と介護では3倍の差があります。

違う業界の企業の年収を比較しても意味はありません。

例えば、総合商社大手の三菱商事と介護大手のセントケア・ホールディングの年収を比較しても意味がないのです。

# 将来性の高いグローバル企業を探すには

## ▼【海外】（図中⑤）とは海外売上比率のこと

【海外】（図中⑤）とは何を意味するでしょうか？

海外にある店舗数、または拠点数だと想像する人が多いようですが、そうではありません。

【海外】というのは、海外売上比率のことです。

会社の全売上高のうち、海外向けの売上高がどの程度なのかを示します。

もう少し詳しく言うと、海外向け売上高とは日本国内からの輸出額と海外現地生産分の売上高の合計です。

❺【海外】

【小売業】 ➡前号並み

2670 (株)エービーシー・マート

【決算】2月 【設立】1985.6 【上場】2000.10

【特色】靴小売り最大手。「ABCマート」を国内外で展開。スニーカー強い。子会社に「オッシュマンズ」

【連結事業】スポーツ57、レザーカジュアル15、レディース5、ビジネス3、キッズ8、サンダル5、他7〈22・2〉

【海外】31

【海外】の数値が大きいのが有望企業です。

日本は少子高齢化が進んでいるため、今後経済が大きく成長することは難しいのです。

国内市場だけに依存してビジネスを行なっている企業は成長できません。

ちなみに、総務省の統計と国立社会保障・人口問題研究所の推計によりますと、2023年1月1日現在で日本の人口は1億2477万人ですが、2053年には9924万人となります。

しかも2053年には65歳以上が全人口の38%に達します（2023年1月1日は29%）。

人口が減少し、お年寄りが急増するような国でモノやサービスの売り上げが伸びるでしょうか。

## ▼海外では人口爆増

一方、海外では人口が急増しています。爆増と言っても良いでしょう。国連の統計によると世界人口は１９９９年に60億人を突破しましたが、２０２０年に80億人に達しました。そして、２０５０年には97億人を超えます。

人口が増加しているだけではありません。アフリカのようにこれまで貧しかった地域の経済が伸びています。日本国内の人口が減少しても、海外にモノやサービスを売ればいいのです。今後、企業が成長するためには、海外にモノやサービスを販売していかなくてはなりません。

現在、海外売上比率が高い業種は自動車、自動車部品、機械メーカーなどです。ただ、海外売上比率の低い企業が、これから衰退すると決まったわけではありません。

現在、比率が低くてもこれから高くなる企業もあります。

例えば、小売や外食などの海外売上比率は上昇していくでしょう。

**そもそも、人口減少で日本市場が縮小しているのですから、海外進出しなければこれらの企業は経営が悪化してしまいます。**

生き残るために海外進出するのです。

来日経験のある外国人は日本のコンビニの便利さを経験していて、自分の国にも日本のようなコンビニを欲しがっています。

既に、一部の外食企業は海外展開していますが、ラーメンのように海外で人気となっているケースは少なくありません。「味」を武器として日本外食企業の海外出店は増加するはずです。

# 『会社四季報』で会社の最高実力者を知る

## ▼【役員】（図中⑥）と【株主】（図中⑦）をチェックする

【役員】（図中⑥）を見ると会長または社長以下、役員の氏名が掲載されています。役員というのは実際に会社を運営する責任者であり、一般の社員とは立場が違います。社長は役員のトップであり大きな権限を持っています。会社運営の最終的な決定は社長が行ないます。

【株主】（図中⑦）というのは、会社の持ち主です。

オーナーという言い方もできます。会社を設立して、運営していくにはお金がかかりま

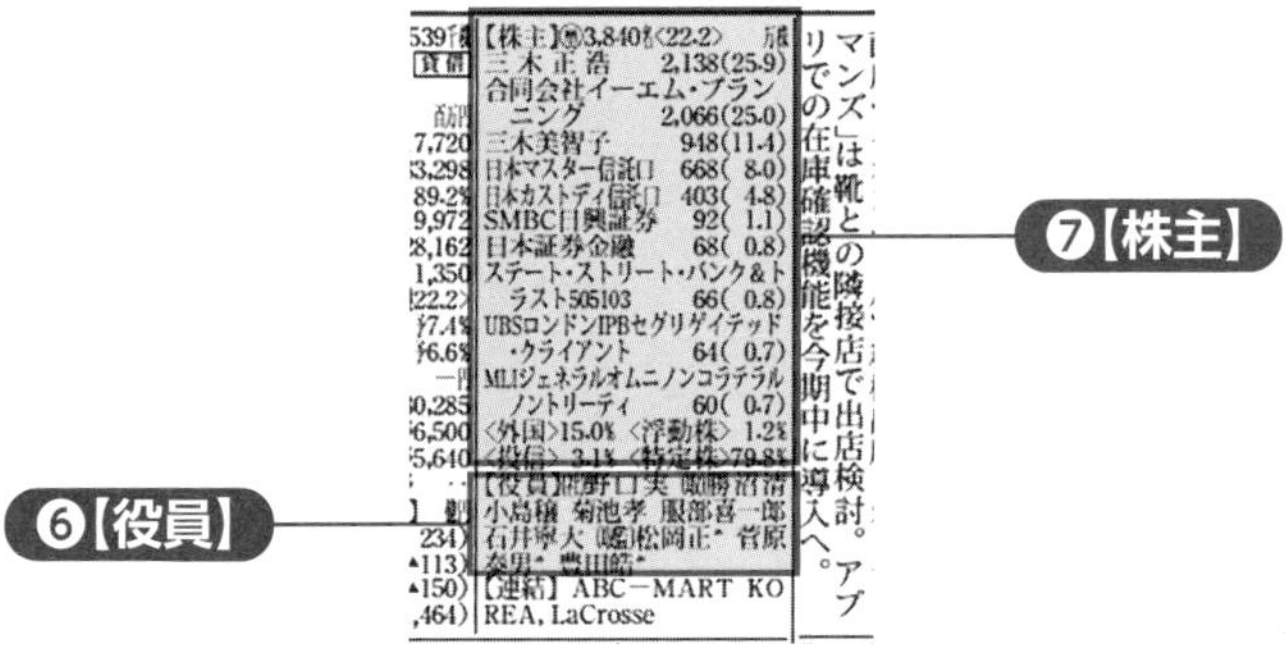


す。

株主は、こうしたお金を出資している人や企業のことです。お金を出しているのですから、会社の経営や役員人事に対して口を出す権利があります。たくさんお金を出資した大株主は社長をクビにすることさえできます。

【株主】の一番上に載っている企業または人を筆頭株主といいます。

その企業の株を最も多く持っています。

社長と筆頭株主が同一人物である場合は、その人をオーナー社長と呼び、その企業をオーナー企業と呼ぶことがあります。

オーナー社長は、その企業で最高実力者であり、ワンマン社長である可能性が高いです。ワンマン社長というと世間では悪いイメージがあります。

自分勝手に行動する、社員のことを顧みない、といったことを想像する人が多いのではないでしょうか。

実際にワンマン社長が暴走した結果、会社がボロボロになってしまったという例もあります。

しかし、すべてのオーナー社長に問題があるわけではありません。**特にそのオーナー社長が創業者である場合は、会社に対する責任感が強いですし、リーダーシップや行動力に優れていることが多いです。**また、社長に権限が集中しているので企業の意思決定が迅速です。社内のコンセンサスを気にしているうちに、ビジネスチャンスを逃すということが起きにくいのです。

## ▼オーナー社長の性格が会社の社風

有名なオーナー社長と言えば、ソフトバンクグループの孫正義さんやサイバーエージェントの藤田晋さんなどがいます。

彼らが自らのエネルギーを会社に注ぎ込んで今日のレベルまで育て上げました。オーナー社長だからこそ成功した企業の例です。

ただ、オーナー社長は個性の強い人が多いのです。

オーナー企業ではオーナー社長の性格が社風になっています。

**社長が積極的でチャレンジングな性格ならば、社風もそのようになるでしょうし、社長が慎重な性格ならば、社風も慎重で安定性を重視する社風になるでしょう。**

オーナー企業と関係を持つときはオーナー社長の性格を知っておいた方が良いでしょう。

有名企業のオーナー社長のインタビュー記事が新聞や雑誌によく掲載されていますし、テレビ出演することもあります。

著書を出版することも珍しくありません。自らTwitterやFacebookに書き込んでいることもあります。こうした媒体を活用してどんな人物かチェックしてください。

# 借金に依存している企業をチェックする方法

### ▼「自己資本比率」（図中⑧）は高い方が良い

会社の財務の安定性をチェックするためには「自己資本比率」（図中⑧）を見ましょう。自己資本比率が高いほど借金が少ないということを意味します。ですから、原則的に自己資本比率の高い会社が良い会社です。

大学の経営学部で使用する経営分析の教科書には「自己資本比率は50％以上であることが望ましい」と書いてあることがありますが、絶対的な基準はありません。同業他社と比較して自己資本比率が高いか低いかを判断してください。

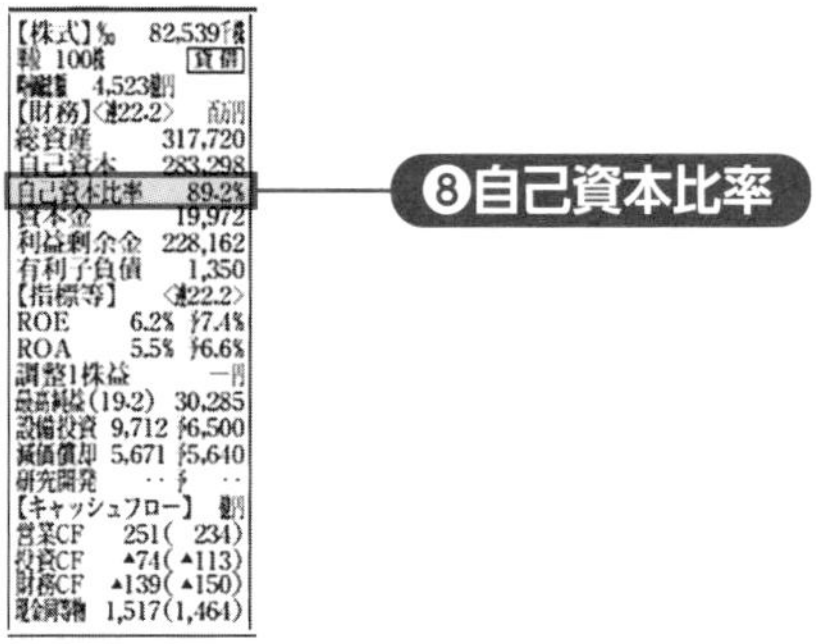
【株式】%0 82,539千株
単位 100株 貸借
時価総額 4,523億円
【財務】〈連22.2〉 百万円
総資産 317,720
自己資本 283,298
自己資本比率 89.2%
資本金 19,972
利益剰余金 228,162
有利子負債 1,350
【指標等】 〈連22.2〉
ROE 6.2% 予7.4%
ROA 5.5% 予6.6%
調整1株益 ―円
最高純益(19.2) 30,285
設備投資 9,712 予6,500
減価償却 5,671 予5,640
研究開発 ‥ 予 ‥
【キャッシュフロー】 億円
営業CF 251( 234)
投資CF ▲74(▲113)
財務CF ▲139(▲150)
現金同等物 1,517(1,464)
❽自己資本比率

例えば、銀行、損保といった金融業は自己資本比率が低く、製薬、テレビ局は高いといった傾向があります。異業種間で比較してもあまり意味はありません。

自己資本比率がマイナス（会社四季報では▲で表示）となっているのは「債務超過」であり、極めて危険な状況です。すべての資産を売却しても負債だけが残るという状況です。上場企業であれば上場廃止になりますし、倒産することもあります。

# 【キャッシュフロー（CF）】（図中⑨）で会社を知る

## ▼帳簿上の金額とCFの金額は一致しない

ビジネスでは【キャッシュフロー（CF）】（図中⑨）が重要だ、とよく聞きます。会社四季報を見れば企業のCFを把握し、経営状況を分析することができます。

企業内の現金（キャッシュ）の流れ（フロー）を示すのがキャッシュフロー（CF）です。

ビジネスパーソンには言うまでもありませんが、法人相手のビジネスにおいて製品を販売したと同時に現金を受け取るということはありません。

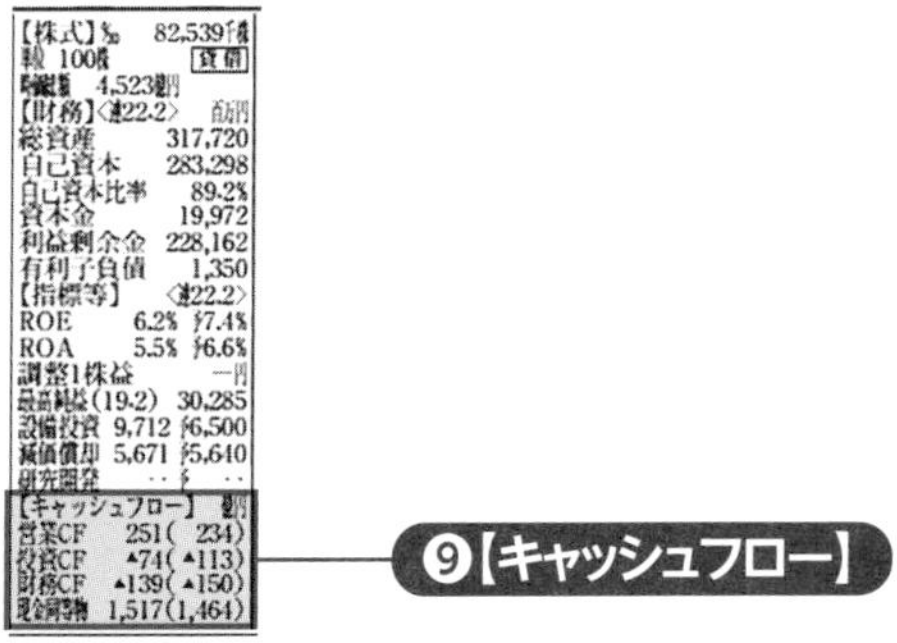

| | | |
|---|---|---|
| 【株式】%0 | | 82,539千株 |
| 単位 100株 | | 貸借 |
| 時価総額 | 4,523億円 | |
| 【財務】〈連22.2〉 | | 百万円 |
| 総資産 | | 317,720 |
| 自己資本 | | 283,298 |
| 自己資本比率 | | 89.2% |
| 資本金 | | 19,972 |
| 利益剰余金 | | 228,162 |
| 有利子負債 | | 1,350 |
| 【指標等】 | | 〈連22.2〉 |
| ROE | 6.2% | 予7.4% |
| ROA | 5.5% | 予6.6% |
| 調整1株益 | | 一円 |
| 最高純益(19.2) | | 30,285 |
| 設備投資 | 9,712 | 予6,500 |
| 減価償却 | 5,671 | 予5,640 |
| 研究開発 | ‥ | 予 ‥ |
| 【キャッシュフロー】 | | 億円 |
| 営業CF | 251( | 234) |
| 投資CF | ▲74( | ▲113) |
| 財務CF | ▲139( | ▲150) |
| 現金同等物 | 1,517( | 1,464) |



例えば、製品を10億円で販売した場合、製品を納入してから数ヵ月後に現金を受け取るのが普通です。顧客に製品を渡した時点で、帳簿には売上高10億円と計上されますが、キャッシュフロー上の収入は0円です。

もし、製品を販売した後、現金をもらう前に販売先が倒産してしまったらどうなるでしょうか。

帳簿上は10億円あっても現金は入ってきません。そうなると、製品を作るために使用した材料や工賃などの費用を払うことができず、ビジネスが立ちゆかなくなってしまいます。ビジネスの世界では現金が一番重要なのです。

## ▼営業キャッシュフロー（CF）がマイナスの会社は危ない

CFには3種類あるので、ここから1つずつ解説していきます。

**CFの中で、まずチェックしたいのが「営業CF」です。これは本業でどれだけの現金を稼いだかを示します。**

これがマイナスということは本業が弱くて稼ぐ力がないということです。営業CFのマイナスが続いている会社は、本業の実力が不足しているのですから存続が難しいでしょう。営業CFのマイナスが続く会社は倒産の可能性が高い会社と言えます。

## ▼投資キャッシュフロー（CF）はマイナスが良い

「投資CF」とは工場の建設や企業買収などによって支払った現金と、保有資産などを売却して受け取った現金の差額です。工場の建設や企業買収などに積極的に投資をすると、出て行く現金が多くなり、投資ＣＦはマイナスとなります。

投資というのは将来への種まきです。

投資に積極的な会社は良い会社です。

現在、業績良好でも将来への投資に消極的な会社の未来には期待できません。投資に積極的である結果、投資ＣＦがマイナスであるのは、今後の成長が期待できる企業ということになります。投資ＣＦがマイナスなのは良いことです。

## ▼財務キャッシュフロー（ＣＦ）もマイナスが良い

「財務ＣＦ」もマイナスの方が良い状況です。

財務ＣＦとは借り入れなどで企業に入ってくる現金と、借り入れ返済や配当金支払いで外へ出て行く現金の差額です。

企業は借金をする一方で、借金の返済も行ないます。

一般家庭において、カードで商品を購入しながら、住宅ローンを返済しているのと同じことです。借金であっても社内に現金が増えて、借り入れ返済や配当金支払い後に現金が残っていれば財務CFはプラスとなります。

逆に借金して調達する金額よりも返済や配当金の支払い額が大きければ、社内から出て行く金額の方が多いのですから財務CFはマイナスになります。

企業が儲かっていれば借入金を多く返済し、配当金を多く支払うことができます。借入金の減少は支払い利息減少につながりますし、配当金の増加は株価上昇に寄与します。財務CFはマイナスの方がいいのです。

## ▼キャッシュフロー（CF）のベストパターンはコレだ

営業CFがプラス、投資CFと財務CFがマイナス（▲）であるのがベストパターンです。

セカンドベストは営業ＣＦがプラス、投資ＣＦがマイナス、財務ＣＦがプラスというパターンです。

会社の成長のために、現金をたくさん借りて（＝財務ＣＦがプラス）、設備投資や研究開発などに充当しなくてはならない場合もあります。

設備投資のやり過ぎで会社が倒産したという事例がないわけではありません。しかし、多少無理をしてでも設備投資を行なうことが必要なときもあるのです。

ＣＦは分かりにくいかもしれません。

そこで、ＣＦのベストパターンとその次に良いセカンドベストパターンを覚えてしまいましょう。『会社四季報』を見て、この２つのパターン以外の企業の内容は良くないと判断してください。

**ベストパターン：営業ＣＦプラス、投資ＣＦマイナス、財務ＣＦマイナス**
**セカンドベストパターン：営業ＣＦプラス、投資ＣＦマイナス、財務ＣＦプラス**

「現金同等物」は企業が手元にいくら現金を持っているかを表します。年が経過するにつれて額が増えているのが優良企業です。前期の額は右の（　）内に記載されているのでチェックしてください。

## ▼四季報に載っていないフリーＣＦとは？

「フリーＣＦ」という用語をよく聞くと思います。

営業ＣＦと投資ＣＦの合計がフリーＣＦです。

『会社四季報』にフリーＣＦ額は掲載されていませんが、計算するのは簡単です。**営業ＣＦと投資ＣＦを足せばいいのです。**

本業で稼いだ営業ＣＦの額を超えて設備投資をするとフリーＣＦは赤字になります。逆に営業ＣＦの黒字の範囲内に設備投資を抑えるとフリーＣＦは黒字になります。文字通り企業がフリーに使える現金ですから、黒字であることが望ましい状況です。

※キャッシュフローの中にあるキャッシュとは金庫の中にある紙幣や硬貨だけではありません。預金や換金性の高い公社債投資信託、コマーシャルペーパーなども含みます。

# 倒産の可能性が高い会社を見つけるには

## ▼巻末の「企業の継続性にリスクがある会社一覧」は必見

会社四季報の巻頭と巻末には様々な表が掲載されています。これらの表も企業分析に有用なので活用してください。たくさんある表の中で特に見ていただきたいのが、「企業の継続性にリスクがある会社一覧」です。

やや分かりにくいタイトルかもしれませんが、**倒産危機のある会社の一覧表です。**この中に大手有名企業は多くありませんが、よく見ると名前の知られた企業もあります。東日本大震災の後には、一時期、東京電力が掲載されていました。

ここに載ったからといって、必ず倒産するわけではありません。優秀な経営者がやって来て経営を立て直すことはありえますし、新製品の開発で業績急回復ということもありえます。

しかし、現時点において危険な会社であることは事実です。この一覧表に載った企業との取引や提携は避けた方が無難でしょう。投資や就職についても同様です。

# 『就職四季報』は就活生だけのものではない

## ▼『就職四季報』には待遇や福利厚生に関するデータが詰まっている

『就職四季報』は『会社四季報』の姉妹版であり、新卒学生のための就活ガイドブックです。本書をお読みになっているビジネスパーソンも学生のときに読んだかもしれません。

実は『就職四季報』には待遇や福利厚生に関するデ

ータが多数掲載されています。**ビジネスパーソンの企業研究や転職先探しにとても役立ちます。**

待遇や福利厚生が優れている企業は社員のモチベーションが高いことが予想されます。そうした企業は福利厚生のレベルの低い企業よりも業績を伸ばしていくでしょう。転職先としても投資先としても優れた企業です。

「就職四季報なんて学生向けの本だ」などと思わずに、ビジネスパーソンや投資家の皆さんも就職四季報を手に取ってみてください。

## ▼他の就職情報誌では見ることができないデータが満載

『就職四季報』は『会社四季報』と同じ記者とデータ担当者が制作し、毎年11月に発行されています。

記者が一社一社を独自に取材し、会社パンフレットやホームページに掲載されている宣伝のような情報ではなく、データに裏付けされた中立的・客観的な情報を掲載しています。**「3年後離職率」「残業時間数」「有給取得日数」など、他の就職情報誌では見ることができない情報が満載です。**会社から掲載料はまったくもらっていません。

『就職四季報』には、「総合版」「女子版」「優良・中堅企業版」「企業研究・インターンシップ版」の4種類があります。他の出版社から類書は発行されていません。次ページからは就職四季報の見方について具体的に解説していきます。

# 離職率が低い会社を探すには

## ▼離職率5%超は警戒水準

『就職四季報 総合版』では社員の離職率が分かります。

離職率が高い企業は就職に適さないのはもちろん、取引相手としても適さないでしょう。社員がすぐに辞めてしまうということは何か問題があるはずです。問題のある企業に勤務する社員は安心して業務に集中できません。

そのような企業は何かトラブルを起こす可能性が高いですし、こちらが期待するような成果を上げることは難しいでしょう。

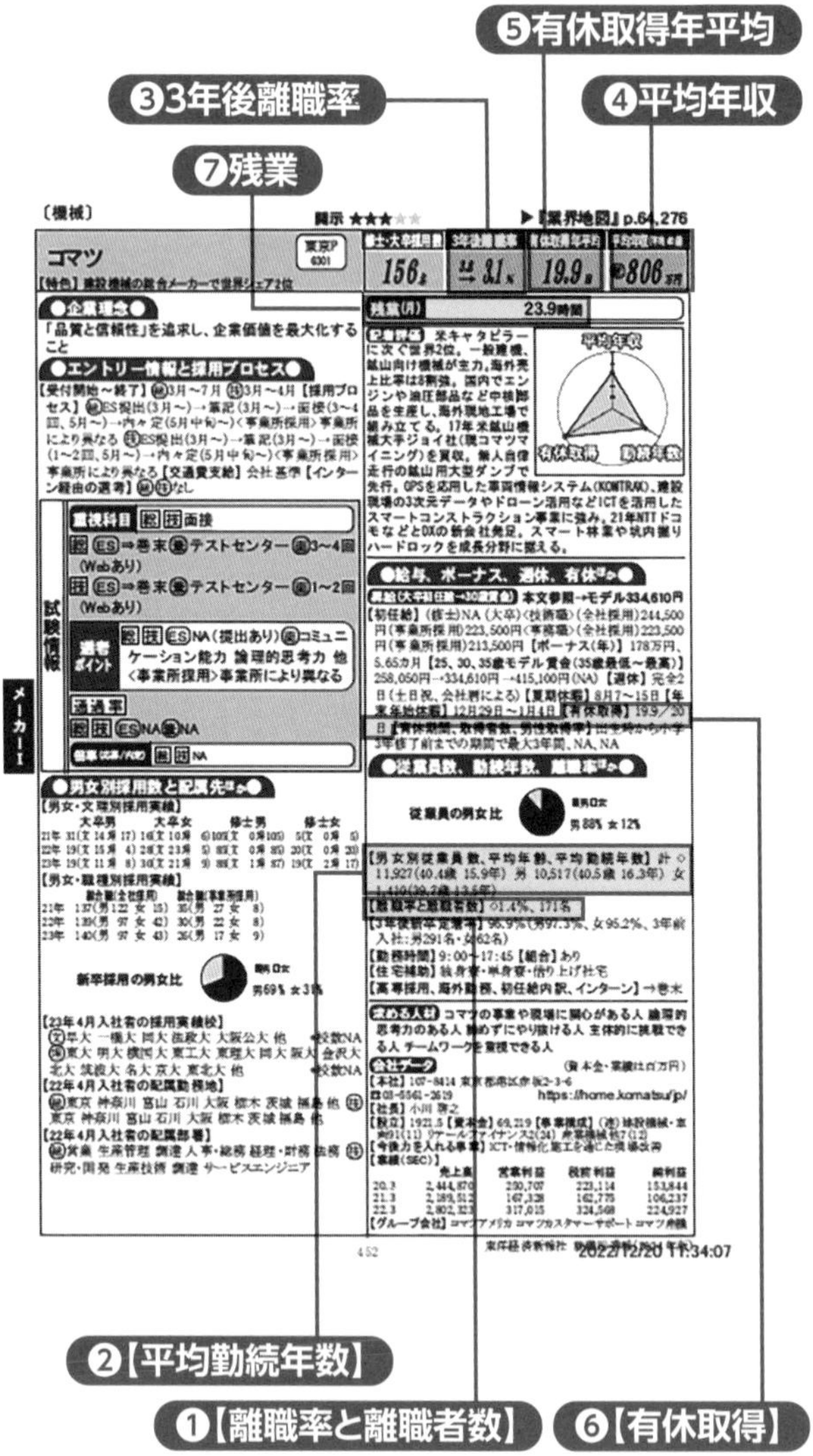


〔機械〕　開示 ★★★☆☆　▶『業界地図』p.64,276

**コマツ**　東京P 6301

【特色】建設機械の総合メーカーで世界シェア2位

| 修士・大卒採用数 | 3年後離職率 | 有休取得年平均 | 平均年収(平均 40.4歳) |
|---|---|---|---|
| 156名 | 3.1% | 19.9日 | 806万円 |

残業(月) 23.9時間

●企業理念●
「品質と信頼性」を追求し、企業価値を最大化すること

●エントリー情報と採用プロセス●
【受付開始～終了】㊓3月～7月 ㊕3月～4月【採用プロセス】㊓ES提出(3月～)→筆記(3月～)→面接(3～4回、5月～)→内々定(5月中旬～)〈事業所採用〉事業所により異なる ㊕ES提出(3月～)→筆記(3月～)→面接(1～2回、5月～)→内々定(5月中旬～)〈事業所採用〉事業所により異なる【交通費支給】会社基準【インターン経由の選考】㊓㊕なし

試験情報
重視科目 総 技 面接
総 ES⇒巻末 筆 テストセンター 面 3～4回(Webあり)
技 ES⇒巻末 筆 テストセンター 面 1～2回(Webあり)
選考ポイント 総 技 ES NA(提出あり) 面 コミュニケーション能力 論理的思考力 他〈事業所採用〉事業所により異なる
通過率 総 技 ES NA 筆 NA
倍率(応募/内定) 総 技 NA

●男女別採用数と配属先ほか●
【男女・文理別採用実績】

| | 大卒男 | 大卒女 | 修士男 | 修士女 |
|---|---|---|---|---|
| 21年 | 31(文 14 理 17) | 16(文 10 理 6) | 105(文 0 理 105) | 5(文 0 理 5) |
| 22年 | 19(文 15 理 4) | 28(文 23 理 5) | 85(文 0 理 85) | 20(文 0 理 20) |
| 23年 | 19(文 11 理 8) | 30(文 21 理 9) | 88(文 1 理 87) | 19(文 2 理 17) |

【男女・職種別採用実績】

| | 総合職(全社採用) | 総合職(事業所採用) |
|---|---|---|
| 21年 | 137(男 122 女 15) | 35(男 27 女 8) |
| 22年 | 139(男 97 女 42) | 30(男 22 女 8) |
| 23年 | 140(男 97 女 43) | 26(男 17 女 9) |

新卒採用の男女比　■男 □女　男69% 女31%

【23年4月入社者の採用実績校】
㊛早大 一橋大 同大 慶應大 大阪公大 他　＊校数NA
㊚東大 明大 横国大 東工大 東理大 同大 阪大 金沢大 北大 筑波大 名大 京大 東北大 他　＊校数NA
【22年4月入社者の配属勤務地】
㊓東京 神奈川 富山 石川 大阪 栃木 茨城 福島 他 ㊕東京 神奈川 富山 石川 大阪 栃木 茨城 福島 他
【22年4月入社者の配属部署】
㊓営業 生産管理 調達 人事・総務 経理・財務 法務 ㊕研究・開発 生産技術 調達 サービスエンジニア

記者評価 米キャタピラーに次ぐ世界2位。一般建機、鉱山向け機械が主力。海外売上比率は8割強。国内でエンジンや油圧部品など中核部品を生産し、海外現地工場で組み立てる。17年米鉱山機械大手ジョイ社(現コマツマイニング)を買収。無人自律走行の鉱山用大型ダンプで先行。GPSを応用した車両情報システム(KOMTRAX)、建設現場の3次元データやドローン活用などICTを活用したスマートコンストラクション事業に強み。21年NTTドコモなどとDXの新会社発足。スマート林業や坑内掘りハードロックを成長分野に据える。

平均年収　有休取得　勤続年数

●給与、ボーナス、週休、有休ほか●
昇給(大卒初任給→30歳賃金) 本文参照→モデル334,610円
【初任給】(修士)NA (大卒)〈技術職〉(全社採用)244,500円(事業所採用)223,500円〈事務職〉(全社採用)223,500円(事業所採用)213,500円【ボーナス(年)】178万円、5.65カ月【25、30、35歳モデル賃金(35歳最低～最高)】258,050円→334,610円→415,100円(NA)【週休】完全2日(土日祝、会社暦による)【夏期休暇】8月7～15日【年末年始休暇】12月29日～1月4日【有休取得】19.9／20日【育休期間、取得者数、男性取得率】出生時から小学3年修了前までの期間で最大3年間、NA、NA

●従業員数、勤続年数、離職率ほか●
従業員の男女比　■男 □女　男88% 女12%
【男女別従業員数、平均年齢、平均勤続年数】計◇11,927(40.4歳 15.9年) 男 10,517(40.5歳 16.3年) 女 1,410(39.2歳 13.6年)
【離職率と離職者数】◇1.4%、171名
【3年後新卒定着率】96.9%(男97.3%、女95.2%、3年前入社:男291名・女62名)
【勤務時間】9:00～17:45【組合】あり
【住宅補助】独身寮・単身寮・借り上げ社宅
【高専採用、海外勤務、初任給内訳、インターン】→巻末

求める人材 コマツの事業や現場に関心がある人 論理的思考力のある人 諦めずにやり抜ける人 主体的に挑戦できる人 チームワークを重視できる人

会社データ　(資本金・業績は百万円)
【本社】107-8414 東京都港区赤坂2-3-6
☎03-5561-2619　https://home.komatsu/jp/
【社長】小川 啓之
【設立】1921.5【資本金】69,219【事業構成】(連)建設機械・車両91(11) リテールファイナンス2(24) 産業機械他7(12)
【今後力を入れる事業】ICT・情報化施工を通じた現場改善
【業績(SEC)】

| | 売上高 | 営業利益 | 税前利益 | 純利益 |
|---|---|---|---|---|
| 20.3 | 2,444,870 | 250,707 | 223,114 | 153,844 |
| 21.3 | 2,189,512 | 167,328 | 162,775 | 106,237 |
| 22.3 | 2,802,323 | 317,015 | 324,568 | 224,927 |

【グループ会社】コマツアメリカ コマツカスタマーサポート コマツ産機

452　東洋経済新報社 就職四季報(2024年版)　2022/12/20 11:34:07

離職率は【離職率と離職者数】（図中①）という項目でチェックできます。

**離職率とは、会社全体でどのくらいの社員が1年間で離職しているのかを示す指標です。**

離職率は（前年度1年間の離職者数）÷（前年度期首の社員数）×100で算出されます。定年退職やグループ会社への転籍は離職者数に含めていません。

離職者数は自己都合で離職した人数ですが、リストラで退職した人の数も含みます。早期退職募集をしたときは一時的に離職率が高くなります。

単年だけ見て、その会社の離職傾向を判断することはできません。ですから、過去3年程度のバックナンバーを見ることをお勧めします。リストラなどの特殊要因がない場合は、5％を超えると高い水準と言えます。

リストラをした結果としても、10％を超えればかなり大きなリストラを断行したことになります。

## ▼【平均勤続年数】（図中②）の長い企業は居心地がいい

居心地のいい会社ならば、社員はなかなか辞めません。

居心地のよさを表す指標が【平均勤続年数】（図中②）です。

企業のホームページやパンフレットに「温かい社風」「家族的な経営」などと書かれていることがよくあります。

しかし、こんな抽象的な表現では実態が分かりません。

居心地のよさを知りたいのならば【平均勤続年数】をチェックしましょう。

ただ、平均勤続年数が長いということは、長期間、固定的なメンバーで働いているということです。

こうした企業は、保守的で新事業への意欲に欠けていることがあります。こうした企業にビジネスを持ちかけた場合、なかなか返答が来ないかもしれません。

## ▼新入社員が3年以内で退職してしまう会社とは

「3年後離職率」（図中③）は、3年前に入社した新卒者が3年間でどの程度辞めたのかを表します。「3年後離職率」は（3年前入社者－直近4月在籍者）÷（3年前入社者）×100で算出されます。

160ページの『就職四季報』（2022年11月発行）の場合、小さな文字で書かれた「3・8」とは、2018年4月1日に入社した新卒社員のうち3・8%が2021年4月1日までに辞めたことを意味します。

大きな文字で書かれた「3・1%」とは、2019年4月1日に入社した新卒社員のうち3・1%が2022年4月1日までに辞めたことを意味します。

**厚生労働省の職業安定業務統計によれば、就職してから3年間の離職率は大卒で約30%です。30%を超える企業は、何かしら問題があるかもしれません。**

30%を超える企業＝ブラック企業というほど単純ではありませんが、注意してください。

# ゆとりある生活を送れる企業か？

## ▼同じ企業で「平均年収」（図中④）が異なる？

年収については『会社四季報』でも説明しましたが、『就職四季報』でも調べることができます。ただ、同じ企業でも『会社四季報』と『就職四季報』で金額が異なることがあります。これはどちらかの数値が間違っているのではありません。

会社四季報は工場労働者などのブルーワーカーも含めた全社員の平均年収を載せています。一方、就職四季報はホワイトカラー職の平均年収、または総合職のみの平均年収を掲載しています。そこで、金額が異なるのです。

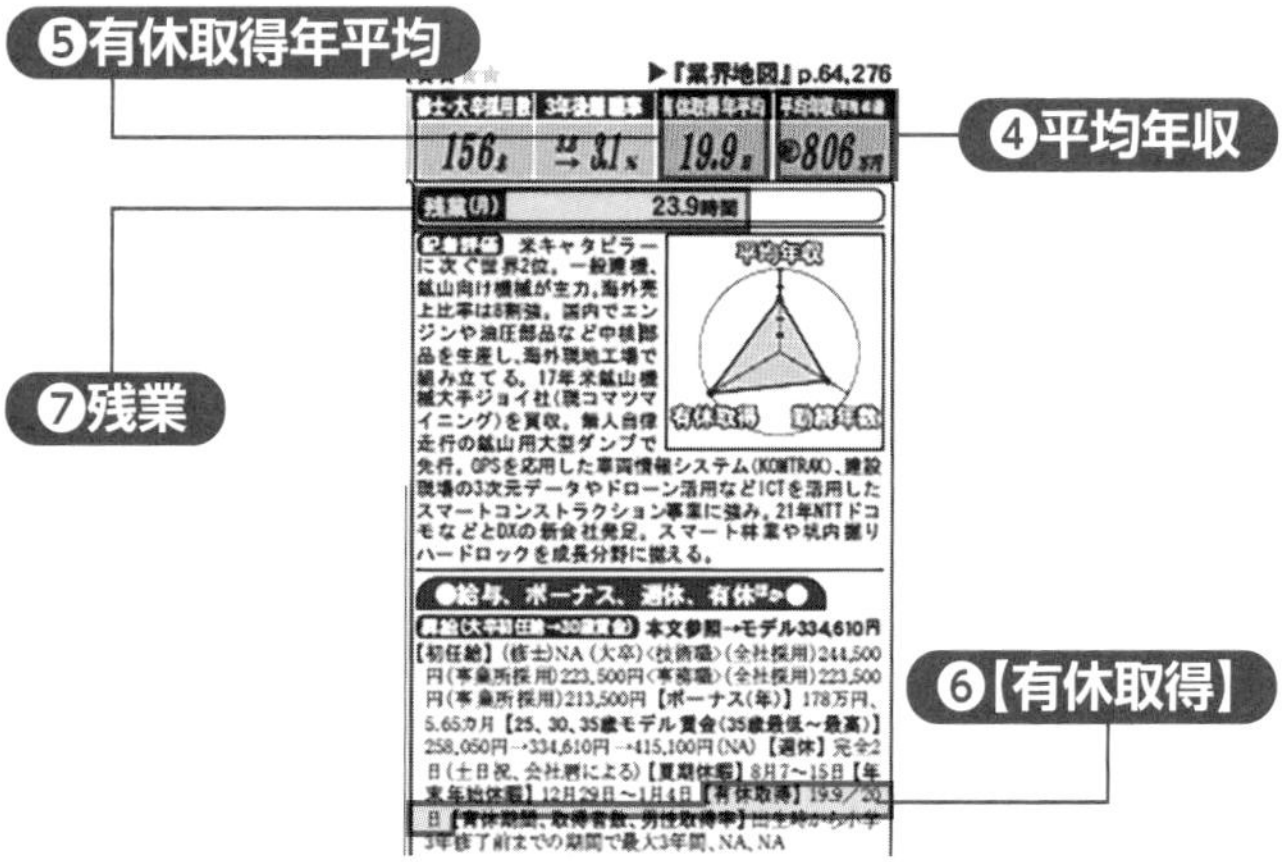


建設機械総合メーカーのコマツの場合、就職四季報には806万円と掲載されていますが、会社四季報では747万円となっています。

## ▼「有休取得年平均」（図中⑤）で実際に休める日数をチェック

有給休暇を100％消化できる企業は、それほど多くないでしょう。

会社の人事制度に十分な有給休暇日数があるということと、実際に休みを取ることができるというのは別の話です。

有休を取る権利はあっても、忙しくて取れない、または職場の雰囲気で取れないということがあります。働き方改革が叫ばれて、以前よりは休みを取りやすい環境になっていますが、それでも100％消化は難しいでしょう。

そこで、**『就職四季報』では、就業規則上の有給休暇の日数ではなく、1年間に実際に消化した有給休暇の日数を掲載**しています。

その日数が「有休取得年平均」です。

**【有休取得】**（図中⑥）の右側の数字が規則上取得できる有給休暇日数で、左側の数字が実際に消化した日数です。

国内で企業が従業員に付与した有給休暇の平均日数は17・6日ですが、従業員が実際に取得した日数は10・3日です（2022年就労条件総合調査・厚生労働省）。

多くの年収を得て、多くの有給休暇を消化できれば社員はゆとりある生活を送ることができます。

そして、こうした状況を作ることができる企業もゆとりがあると言えます。ゆとりある企業とは、経営力が高くて収益を上げている企業です。

平均年収と有休取得年平均の多い会社は、ビジネス対象としても投資先としても優れています。

## ▼「残業」（図中⑦）について

「残業（月）」欄に1ヵ月の残業時間が掲載されています。

労働基準法によって労働時間は1日8時間、1週間40時間以内と定められています。本来は、会社はこれ以上労働させてはいけないのです。

しかし、これでは実際に業務が成り立たないので、会社と労働組合が協議して残業時間を設定しています。

ただ、協議をすれば何時間でも残業させていいということではありません。上限は1ヵ月45時間、1年間360時間と決められており、これを超えたら労働基準法違反です。

1ヵ月45時間というと1日に約2時間、30時間としても1時間超の残業時間となります。企業が労働者に残業をさせた場合、25%以上の割増賃金を支払わなくてはなりません。

# 女性が長く働きやすい会社か？

## ▼『就職四季報　女子版』で「勤続」「3年後離職率」「既婚率」をチェック

ここからは『就職四季報　女子版』について解説していきます。

『就職四季報　女子版』に掲載されている「勤続」（図中①）、「3年後離職率」（図中②）、「女性の既婚率と既婚者数」（図中③）は女子社員のみを対象にした数字です。男女合わせた全体では数字がよくても、女子

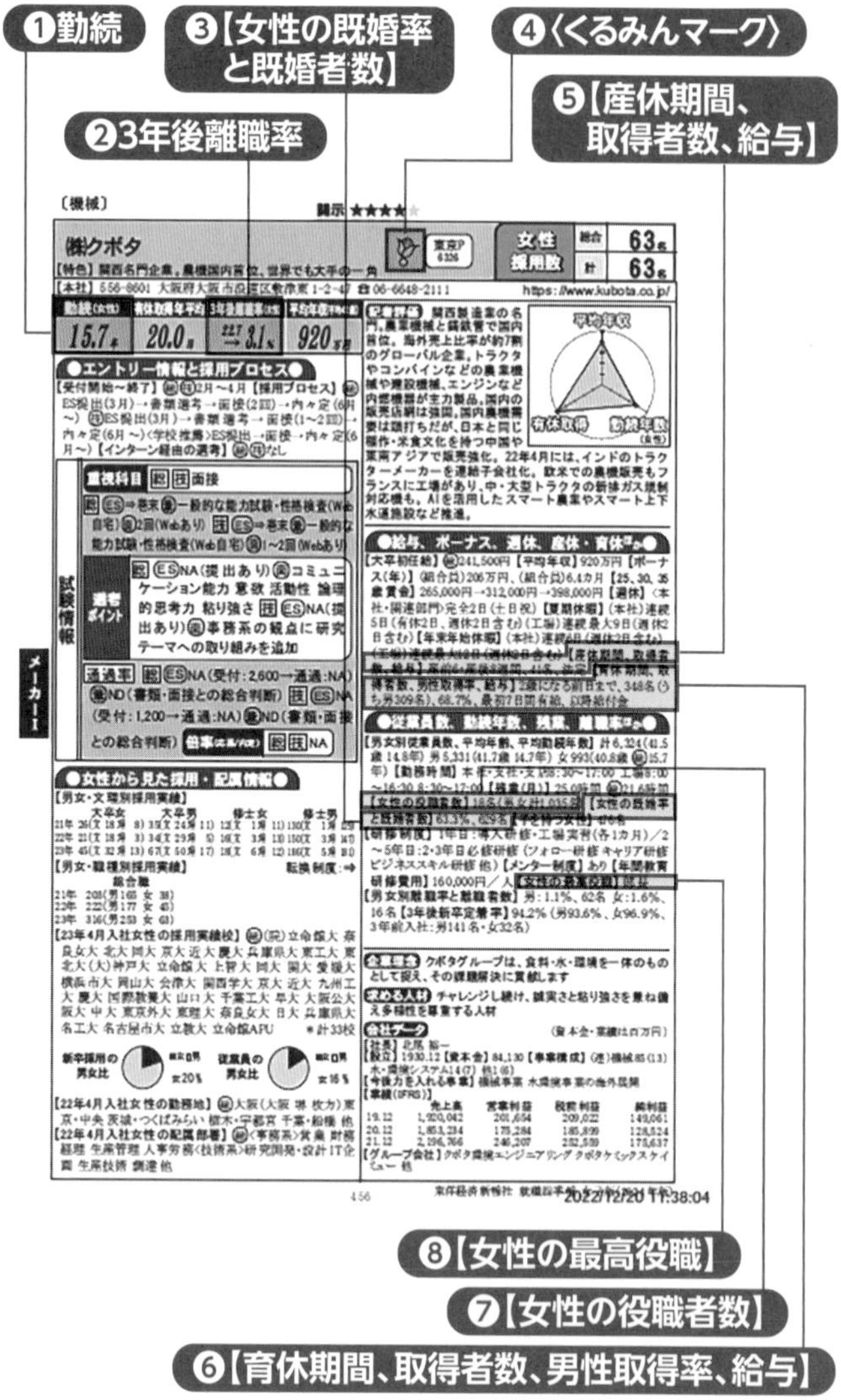

①勤続
②3年後離職率
③【女性の既婚率と既婚者数】
④〈くるみんマーク〉
⑤【産休期間、取得者数、給与】
⑥【育休期間、取得者数、男性取得率、給与】
⑦【女性の役職者数】
⑧【女性の最高役職】
〔機械〕
開示 ★★★★★
㈱クボタ
東京P 6326
女性採用数 総合 63名 計 63名
【特色】関西名門企業。農機国内首位、世界でも大手の一角
【本社】556-8601 大阪府大阪市浪速区敷津東1-2-47 ☎06-6648-2111 https://www.kubota.co.jp/
勤続 15.7年
有休取得年平均 20.0日
3年後離職率 3.1%
平均年収 920万円
●エントリー情報と採用プロセス●
●女性から見た採用・配属情報●
●給与、ボーナス、週休、産休・育休●
●従業員数、勤続年数、残業、離職率●
試験情報
メーカーI
2022/12/20 11:38:04

社員だけで見ると数字が悪いのでは、女子にとって意味がありません。

「勤続」（図中①）は女子正社員の平均勤続年数を表します。基本的に、居心地のよい企業ならば社員は辞めません。

単純に言えば、この勤続年数が長い企業は女子が就職するのに適した企業と言えるでしょう。

「3年後離職率」（図中②）は入社した女子正社員のうち何%が3年以内に離職したのかを示しています。『就職四季報　総合版』にも「3年後離職率」が掲載されていますが、総合版は男女を合わせた数字です。

新卒社員が短期間のうちに大量に辞める会社は、何らかの問題を抱えていると見た方がいいでしょう。就活生や新卒社員以外のビジネスパーソンもこの数値を把握しておくべきです。

さらに注目のデータは「女性の既婚率と既婚者数」（図中③）です。これは結婚後も働いている女子社員がどれだけいるのかを表します。一般的に既婚率が高い企業は、女性にとって働きやすい企業と言えます。既婚率が低いということは、「結婚する相手を探す時間もないほど忙しい」、または「仕事と家庭生活を両立することが難しい」という状況が想像できます。

ただ、既婚率は高いのに、勤続年数が短い場合もあるので注意してください。こうした場合は、「結婚してからも働き続けるが、子どもができると退職することが多い」ということが想像できます。

つまり、「仕事が忙しすぎて育児の余裕がない、または、会社の子育て支援が不十分」という可能性があるのです。

## ▼政府公認の「子育て支援企業」とは

子育てをしやすい会社かどうかは、社名の横に〈くるみんマーク〉(図中④)があるか否かで判断することができます。

**企業が従業員の子育て支援のための行動計画を策定し、目標を達成すると厚生労働大臣から「次世代育成支援対策に取り組んでいる企業」との認定を受けることができます。**この認定を受けていることを示すのが〈くるみんマーク〉です。

〈くるみんマーク〉を付けている企業は政府公認の「子育てサポート企業」なのです。

また、くるみんよりも高い基準をクリアしている場合は「プラチナくるみん」の認定を得て、「プラチナくるみんマーク」をつけます。

くるみんやプラチナくるみんの認定を受けた企業は、マークを会社案内資料や広告等に表示し、子育てサポート企業であることをアピールできます。

企業イメージは向上し、女性の就職希望者が増加するでしょう。出産を機会に退職する人が減り、定着率が上昇すれば企業収益にもプラスです。

# 産休・育児休業が充実した企業を見つけるには？

## ▼実際に産休を利用した人数をチェックしよう

産休や育休が充実しているならば、安心して長く勤務することができます。

また、こうした制度が充実している企業は社員を大切にし、働きやすい環境を用意していることになります。

社員のモチベーションが上がり、企業業績の向上が期待できるでしょう。産休や育休が法律の基準を上回っているかどうかをチェックしてください。

『就職四季報 女子版』の【産休期間、取得者数、給与】（図中⑤）を見ましょう。労働基

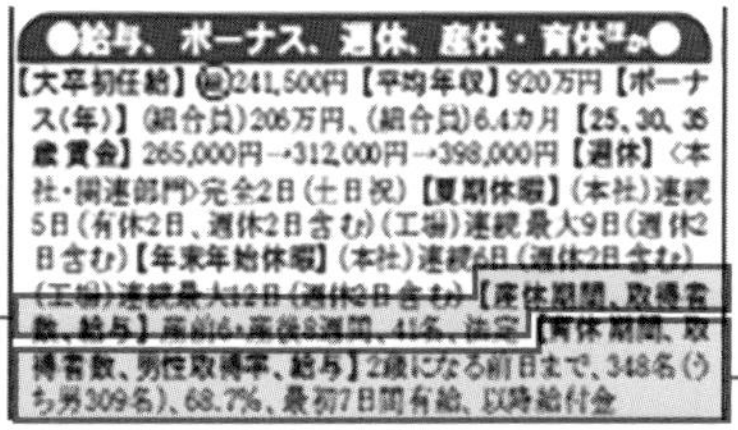

●給与、ボーナス、週休、産休・育休ほか●
【大卒初任給】㊑241,500円【平均年収】920万円【ボーナス(年)】(組合員)206万円、(組合員)6.4カ月【25、30、35歳賃金】265,000円→312,000円→398,000円【週休】〈本社・関連部門〉完全2日(土日祝)【夏期休暇】(本社)連続5日(有休2日、週休2日含む)(工場)連続最大9日(週休2日含む)【年末年始休暇】(本社)連続6日(週休2日含む)(工場)連続最大12日(週休2日含む)【産休期間、取得者数、給与】産前6・産後8週間、41名、法定【育休期間、取得者数、男性取得率、給与】2歳になる前日まで、348名(うち男309名)、68.7%、最初7日間有給、以降給付金



準法では出産の6週間前から出産後8週間まで休めることになっています。しかし、最近は出産の8週間前から出産後8週間まで休める企業が増えてきました。その場合、就職四季報には「産前8・産後8」と表記されています。

また、労働基準法では産休期間中は、健康保険から休業前給与の3分の2が支払われることになっています。図中⑤に「法定」とあるのは、労基法の規定通り3分の2が支払われることを意味します。

最近は休業前給与と同額を支払う会社もあります。

しかし立派な制度があっても、それを利用しづらい雰囲気があって実際に利用されていないのならば、何もないのと同じです。

『就職四季報　女子版』では1年間に産休を利用した人数も掲載しています。

女子社員の総数にもよりますが、ある程度の利用数があれば安心して利用することができるということになるでしょう。同業他社または女子社員数が同程度の企業と比較してみてください。

例えば、コンビニのセブン‐イレブン・ジャパンとローソンを比べてみましょう。セブンの女子社員２３３８人に対して産休取得者は１２９人なので取得率は５・５％です。一方のローソンは女子社員９２８人に対して取得者は24人なので取得率２・６％です。同じコンビニでもかなり差があります。

もちろん、たまたまセブンで出産した人が多かっただけかもしれないし、たまたまローソンで出産した人が少なかっただけかもしれません。しかし、ローソンへ入社を考えているのならば、福利厚生制度の内容や利用状況を調べておいた方が無難でしょう。

## ▼育児と勤務の両立は可能か？

次にチェックすべきは【育休期間、取得者数、男性取得率、給与】（図中⑥）です。育児介護休業法によって、子どもが満1歳になるまで（保育園に入れないなど、特別な事情がある場合は2歳になるまで）育児休業を取得することができます。

育児休業開始から6ヵ月間は雇用保険から休業前給与の67％が支払われます。6ヵ月経過後は50％となります。

育児休業も会社によっては、法律以上の好条件を備えていることがあります。

また、育児休業を取得した男性社員の比率もチェックしてください。

男性取得率が低い企業は働き方が旧態依然としている可能性があります。女性にとっても働きにくい会社でしょう。

# 女性が昇進して活躍している会社か？

## ▼女性役職者比率の平均は9・4%

『就職四季報　女子版』を見ると、女性社員が活躍している会社なのかどうかをチェックできます。まずは、【女性の役職者数】（図中⑦）を見てください。

左側の数字が女性役職者数で、（　）内が男女合計の役職者数です。女性の役職者数が役職者数全体の何%なのか計算してみましょう。

業界や会社によって数字が大きく違うことが分かるはずです。

帝国データバンクの調査によると、日本の女性役職者比率の平均は9・4%です（20

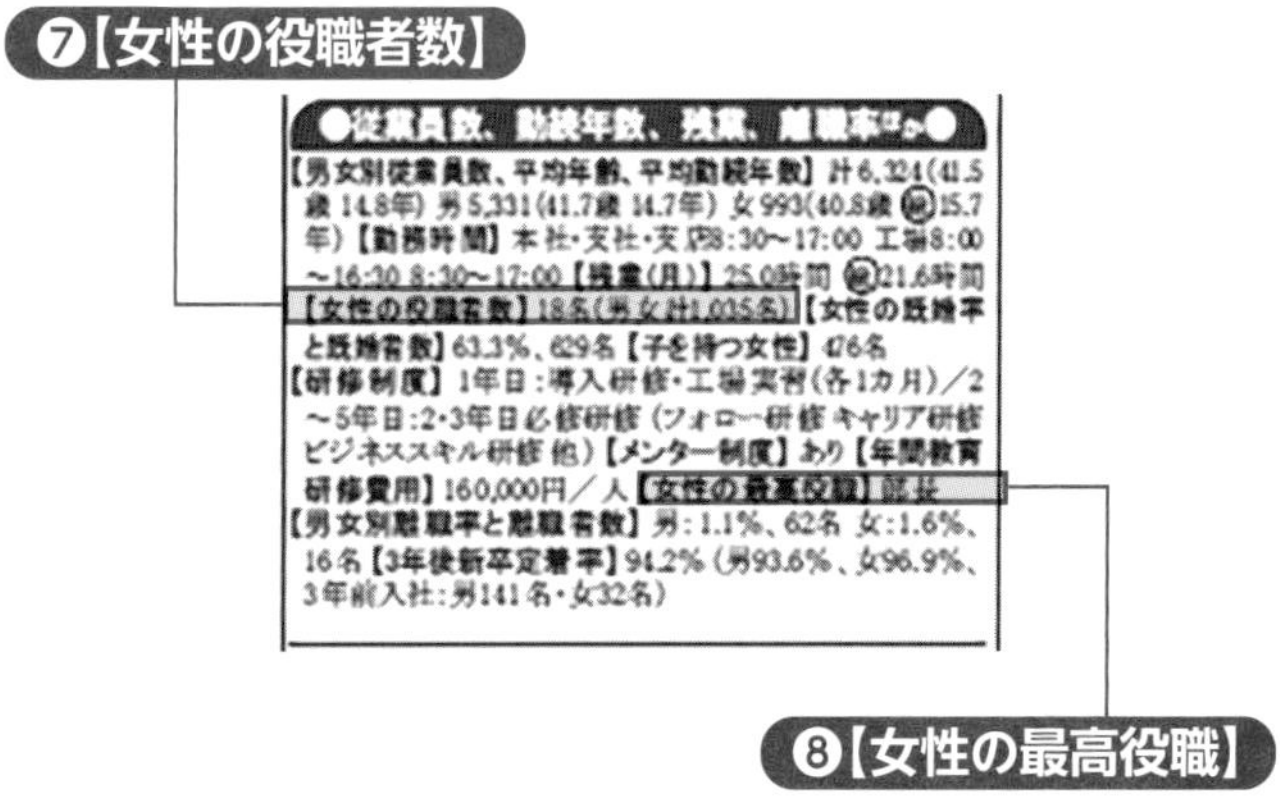

●従業員数、勤続年数、残業、離職率ほか●
【男女別従業員数、平均年齢、平均勤続年数】計6,324(41.5歳 14.8年) 男5,331(41.7歳 14.7年) 女993(40.8歳 ㊛15.7年)【勤務時間】本社・支社・支店8:30〜17:00 工場8:00〜16:30 8:30〜17:00【残業(月)】25.0時間 ㊛21.6時間【女性の役職者数】18名(男女計1,035名)【女性の既婚率と既婚者数】63.3%、629名【子を持つ女性】476名【研修制度】1年目：導入研修・工場実習(各1カ月)／2〜5年目：2・3年目必修研修(フォロー研修 キャリア研修 ビジネススキル研修 他)【メンター制度】あり【年間教育研修費用】160,000円／人【女性の最高役職】部長【男女別離職率と離職者数】男：1.1%、62名 女：1.6%、16名【3年後新卒定着率】94.2%(男93.6%、女96.9%、3年前入社：男141名・女32名)

２２年７月調査)。今後この比率はもっと上昇するでしょうが、現時点において女性役職者比率が９・４％を下回る企業は、女性にチャンスを与えていない企業と言えるかもしれません。

## ▼女性役職者比率は企業によって大きく違う

女性の役職者比率は業界や企業によって大きな差があるので、実際の業界と社名を挙げて説明します。百貨店は女子社員の多い業界ですが、女性役職者比率はどのような状況にあるのでしょうか。高島屋は男性を含む役職者の合計１１６３人中、女性役職者は３４６人となっています。女性比率は29・８％

です。

女性の働く部門が多いことから女性比率が高くなっています。

**しかし、松屋は22・0%、阪急阪神百貨店は15・7%となっており、同業他社の中でも差があることが分かります。**

総合商社や建設会社は女性比率が低くなっています。例えば、総合商社の住友商事では役職者総数２７７４人に対して、女性役職者は２０８人にすぎません。比率は７・５%です。

また、建設大手の清水建設は役職者総数４０４３人に対して、女性役職者は１２５人です。比率は３・１%です。社員全体の男女比率は男性83%、女性17%と男性が多い会社ではありますが、それにしても女性役職者が少ないです。

『就職四季報　女子版』をめくっていくと【女性の役職者数】をNA（注）としている企業があることに気付きます。おそらく女性役職者が極めて少ないので、NAとしているのでしょう。

また、女性役職者の人数は明らかにしておきながら、役職者全体の人数をNAにして、女性比率を計算できないようにしている企業もあります。

次に、【女性の最高役職】（図中⑧）です。

過去5年間に女性が就いた一番高い役職を掲載しています。

東日本旅客鉄道（JR東日本）や東京海上日動火災保険のように女性が常務取締役に就任している企業もあれば、部長止まりの企業もあります。NAとしている企業もあります。

（注）NAとはNo Answearの略。東洋経済新報社のアンケート調査や取材に対して回答を拒否したことを意味する。

# 第4章

# 成長業界・企業を見つけるポイントとは

成長企業を見つけるには、社会の流れや変化を把握する必要があります。

社会の流れや変化に対応できる企業が成長企業であり、対応できない企業は衰退していくのみです。

成長企業を見つけるためのポイントを5つ挙げます。

**【1】ウイルスとの闘いと共存**

**【2】世界的な人口増加**

**【3】国内の人口減少と高齢化**

**【4】環境問題の深刻化**

**【5】防災・復興**

ここからは5つのポイントに関する解説と関連ビジネスについて述べたいと思います。

# 【1】ウイルスとの闘いと共存

### ▼人類とウイルスの闘いは永遠に

新型コロナウイルス感染症のインパクトが強すぎて、他のウイルス性疾患についてはほとんど話題になりません。

しかし、これまで「人類はウイルスとの闘いに明け暮れてきた」と言っても過言ではありません。

14世紀のヨーロッパにおいて、人口の3分の1が死亡したといわれるペスト、20世紀初頭に世界中で5億人以上の人々が感染し、死亡者数が5000万人ともいわれるスペイン風邪など、ウイルスは多くの人命を奪ってきました。

いったん発生したウイルス性疾患は、なかなか消滅しません。

例えば、エイズは一時期大きな話題となりましたが、最近はニュースになりません。

それではエイズは消滅したのでしょうか？

そんなことはありません。今でも世界中に多数の患者がいます。

国内でも冬になれば、季節性インフルエンザが流行し、多くの人が亡くなっています。

日本脳炎も麻疹もおたふくも存在しています。実は、人類が撲滅に成功したのは天然痘だけなのです。

既存のウイルスは変異を繰り返すし、新たなウイルス性疾患も発生します。

21世紀に入ってからも、２００２年に中国でＳＡＲＳ（重症急性呼吸器症候群）が、２０１２年にはサウジアラビアでＭＥＲＳ（中東呼吸器症候群）が発生し欧州にも広がりま

**オンライン診療**

**メドレー【4480】**
日本最大級のオンライン診療システムである「CLINICSオンライン診療」を運営。2019年上場。

**MRT【6034】**
IT企業のオプティムと提携し、オンライン診療サービス「ポケットドクター」を運営。

**LINE（非上場）**
モバイルメッセンジャーアプリ「LINE」を運営。エムスリーと共同で「LINEヘルスケア」設立。

→

**LINEヘルスケア（非上場）**
オンライン診療サービス「LINEドクター」を展開。医療機関の予約、診療、決済までを一貫して行なう。

←

**エムスリー【2413】**
LINEと共同で「LINEヘルスケア」設立。医療従事者向け総合情報サイト「m3.com」を運営。

した。MERSの致死率は35%と非常に高く、危険なウイルス性疾患です。

いずれは新型コロナも落ち着くでしょうが、**数年後に新たなウイルス性疾患が発生するかもしれません。**

**人類とウイルスとの闘いは続きます。ウイルス性疾患の予防や治療に貢献する企業はこの先もずっと成長企業です。**

## ▼診療もオンライン化

ウイルス性疾患の感染拡大を防ぐには、人と人の接触を制限することが大切です。

そこで、注目されているのがオンライン診療です。

オンライン診療とはスマートフォンやパソコンなどを使ったビデオ通話による診療のことです。予約・問診・診察・決済までをすべてインターネット上で行ないます。

待合室での二次感染防止や患者から医師への感染防止に有効です。

また、患者にとって通院にかかる時間的・体力的負担が軽減されるだけでなく、好きな場所で診察を受けられるといったメリットもあります。

## ▼抗ウイルス効果を持つ製品に注目

医師や看護師が着用する白衣や防護服に使用する繊維には、抗ウイルス機能を付与する必要があります。

抗ウイルス機能を備えていれば、ウイルスが白衣についても一定時間後にウイルスは死

## 抗ウイルス製品

**シキボウ**
【3109】
1892年設立の繊維会社。抗ウイルス加工繊維「フルテクト」を持つ。非繊維事業も手掛ける。

**クラボウ**
【3106】
1888年設立の繊維会社。抗ウイルス加工繊維「クレンゼ」を持つ。洗濯50回後でも効果維持。

**アイカ工業**
【4206】
メラミン化粧板の国内トップメーカー。抗ウイルス性能を付与したメラミン化粧板を製造。

**ロンシール工業**
【4224】
独自技術「ロンプロテクト」は、あらゆるものに抗ウイルス機能を付加する技術。

**関西ペイント**
【4613】
抗ウイルス効果を有する塗料「アレスシックイ」を持つ。伝統的な建築素材「漆喰」が主成分。

**大建工業**【7905】
独自の抗ウイルス技術「ビオタスク」を活用した住宅資材を製造。住宅や公共施設の内装工事も行なう。

**日本製紙**【3863】
製紙業界第2位。抗ウイルス効果のある印刷用紙を製造。飲食店のメニューなどへの活用に期待。

**小松マテーレ**
【3580】
化学素材メーカー。光触媒で新型コロナウイルスを分解する抗ウイルス素材「エアロテクノ」を開発。

**日清製粉グループ本社**
【2002】
NBCメッシュテックの親会社。製粉業界第1位。パスタなどの食品や総菜、サプリメントも生産。

**NBCメッシュテック**
(非上場)
独自開発した抗ウイルス技術「キュフィテック」を他社へ供給。

技術提供

**サンエー化研**【4234】
プラスチック複合加工製品メーカー。「キュフィテック」活用の抗ウイルスフィルム生産。

**アキレス**
【5142】
学童シューズ「瞬足」で有名な靴メーカー。「キュフィテック」活用の抗ウイルスフィルム生産。

**中本パックス**
【7811】
抗ウイルス技術「キュフィテック」活用し抗ウイルス・抗菌フィルム「N-VIRUS ZERO」を開発。

**日本マタイ**
(非上場)
レンゴーの子会社。包装袋総合メーカー。「キュフィテック」活用の抗ウイルスフィルム生産。

減します。

ウイルス性疾患の患者が建物内のドア、手すり、床、壁などの建材を触ることでウイルスを拡散させてしまいます。

拡散を防ぐために建材をアルコール消毒しなくてはなりませんが、建材そのものを抗ウイルス仕様とする方法もあります。

病院で使用される書類や飲食店のメニューなどからウイルスが拡散することがありますが、こうした紙類を抗ウイルス化すればウイルス蔓延を防ぐことができます。

日本には抗ウイルス繊維、抗ウイルス建材、抗ウイルスペーパーを製造するメーカーが多数あります。

## ▼地味だがとても重要な医療廃棄物処理ビジネス

ウイルスと闘うとなるとワクチン、治療薬、医療機器などに注目が集まりますが、医療廃棄物処理の重要性を忘れてはなりません。

## 医療廃棄物処理

| 共英製鋼【5440】 | 東京製鐵【5423】 | 大和工業【5444】 |
|---|---|---|
| 電炉メーカー。 | 電炉メーカー。 | 電炉メーカー。 |

病院などの医療機関から排出される医療廃棄物は、ガラス・注射針などの鋭利器材、血液や体液を含むガーゼ類、使用済みの白衣や看護服、さらには臓器にいたるまで多種多様です。医療廃棄物を適切に処理しなければウイルス感染が拡大してしまいます。

実は医療廃棄物処理を手掛けているのは、鉄鋼メーカーが多いことを知っていましたか?

鉄を生産するときに鉄スクラップを1600度以上の高温で真っ赤に溶かしますが、そこへ医療廃棄物を投入して廃棄物を溶かしてしまうのです。

## ▼ワクチン、検査試薬、治療薬

ウイルスに対応するのですから、ワクチンや治療薬が重要なのは言うまでもありません。

罹患を防止するためにワクチンを打ち、体調がおかしければ検査機器と検査試薬を使用して検査します。

罹患していることが判明すれば、治療薬を飲むことになります。

従来型のウイルス性疾患に対応したワクチンや、検査試薬の製造を手掛ける企業は、新しいウイルス性疾患が発生したときも活躍します。

例えば、中堅化学メーカーのデンカは、インフルエンザワクチンや検査試薬のトップメーカーですが、２０２０年に新型コロナが流行し始めると、わずか半年で検査試薬を開発し、製造販売承認を獲得しました。

通常、新しい検査試薬を開発して承認を得るには短くても2年は必要です。

ワクチンや治療薬というと製薬メーカーが頭に浮かぶと思いますが、デンカのように化学メーカーが活躍する例は少なくありません。

検査機器を製造している機械メーカーが検査試薬も製造しているケースがあります。

## ワクチン・薬品

**デンカ【4061】**
インフルエンザワクチン製造で首位。新型コロナ検査試薬開発。アビガンの原料も手掛ける。

**カネカ【4118】**
新型コロナ向けPCR検査試薬を生産。DNAワクチンの原薬や生分解性プラスチックも製造。

**UBE【4208】**
アビガンの中間体を製造。1897年創業の化学メーカー。化学以外に建設資材や機械なども生産。

**ダイトーケミックス【4366】**
アビガンの中間体を製造。主力事業は半導体・液晶向け感光性材料や写真材料など。

**塩野義製薬【4507】**
新型コロナ治療薬「ゾコーバ」を開発。エイズ薬品のロイヤリティー収入が収益の柱。感染症と疼痛向けが得意。

## 検査装置・検査試薬

**島津製作所【7701】**
PCR検査装置と検査薬を製造。

**プレシジョン・システム・サイエンス【7707】**
新型コロナ全自動PCR検査システムを開発。アルファ株、ベータ株、ガンマ株、デルタ株、オミクロン株を同時に識別可能。

## マスク

**興研【7963】**
防塵・防毒マスクの大手メーカー。医療用では感染対策用と薬害対策用の両方のマスクを持つ。

**重松製作所【7980】**
防塵・防毒マスクの大手メーカー。「N95マスク」は米国国立研究所の規格に合格するほど高性能。

## 【2】世界的な人口増加

世界全体では人口が急増しています。

国連の統計によれば、２０２２年に80億人だった人口は２０５０年には97億人となります（国際連合：World Population Prospects 2022）。

28年間で17億人も増加すれば、様々な問題が生じます。

しかし、問題が生じるからといって、地球の将来が真っ暗というわけではありません。

問題に対応するところにビジネスチャンスがあります。

人口増加を悲観することはありません。ピンチはチャンスです。

## ▼人々が真水を奪い合う

人口が増加すれば、世界的に水不足が深刻化するでしょう。**地球は水の惑星と言われていますが、地球の水のほとんどは海水で、真水は全体のわずか0・01%にすぎません。水の豊かな日本では気付きにくいのですが、水は希少資源そのものです。**

人口がどんどん増加しているので、この希少資源を大勢の人々が奪い合うという構造が出来上がりつつあります。

人口増加だけでなく、新興国の経済発展が水不足に拍車をかけます。新興国が工業化すれば、大量の工業用水を使用します。工業活動を行なえば、どうしても工業廃水が出ます。新興国では廃水を浄化する技術レ

## 水ビジネス

### プラント

**ササクラ**【6303】
海水淡水化プラントメーカー。1967年にクウェート政府からプラント建設を受注したのを契機に海外展開が本格化した。

**日立造船**【7004】
淡水化プラントメーカー。造船事業からは撤退済み。ゴミ焼却発電施設などエネルギー事業に注力。

**日揮ホールディングス**【1963】
日本を代表するプラントエンジニアリング会社。オマーンの淡水化事業に参加。海外売上比率は約7割。

**日立製作所**【6501】
国内電機メーカー最大手。海水に下水を混ぜて淡水化と水質浄化を同時に行なうシステムを持つ。

**協和機電工業**(非上場)
淡水化装置の製造と淡水化プラント建設を手掛ける。福岡県の大型淡水化施設で設計・施工実績あり。

**水処理エース**(非上場)
海水淡水化装置を佐賀の自社工場のみで製造。コンテナを活用したローコスト型淡水化装置が得意。

### フィルター

**東レ**【3402】
総合繊維大手。サウジアラビアとの関係が強い。

**日東電工**【6988】
総合材料メーカー。ニッチ商品に強い。シンガポールとの関係が強い。

**東洋紡**【3101】
創業は紡績業だが、現在は非繊維が主力事業。

**三菱ケミカルグループ**【4188】
総合化学メーカーで国内首位。地下水ろ過や浄水処理システムを手掛ける。

**旭化成**【3407】
淡水化の前処理で使用されるフィルター「マイクローザ」を持つ。

**クラレ**【3405】
化学メーカー。クラリーノ商標で知られる人工皮革の技術力に定評。

**ダイセル**【4202】
総合化学メーカー。細菌・ウイルスを除去するフィルターを持つ。

## 水ビジネス

### ポンプ

**西島製作所【6363】**
大手ポンプメーカー。フィルターの形状に合わせたポンプ製造が得意。カタールとの関係が強い。

**荏原【6361】**
大手ポンプメーカー。1912年創業。中東に限らずこれまで世界中に淡水化プラント用の大型ポンプを供給してきた。

**帝国電機製作所【6333】**
無漏洩ポンプ最大手。世界シェア4割、国内シェア6割と圧倒的な存在。

**電業社機械製作所【6365】**
大型ポンプ、送風機、バルブなどを扱う機械メーカー。主力のポンプは海水淡水化以外に上下水道や石油化学プラントでも使用される。

**鶴見製作所【6351】**
水中ポンプメーカーで、国内シェア約3割。関空建設などビッグプロジェクトに関与。

### チタン

**大阪チタニウムテクノロジーズ【5726】**
高品質のチタン分野で世界ナンバーワン。

**東邦チタニウム【5727】**
チタン大手2社のうちの1社。JX金属の子会社。

**神戸製鋼所【5406】**
国内鉄鋼3位。建設機械や発電事業も手掛ける。

ベルが低いので、川や湖を汚してしまいます。

ただでさえ、真水が不足しているのに、真水の供給元を汚して水不足をさらに深刻化させてしまうのです。

国際連合人口基金の試算によれば、２０５０年には世界総人口97億人のうち、約半数が水不足に直面します。

世界中で水が足りないならば作るしかありません。

きれいな真水を作り出すのが水ビジネスであり、海外には真水製造工場が多数あります。特に中東エリア（サウジアラビア、アラブ首長国連邦、クウェート、カタール、オマーンなど）には多くの工場があります。水ビジネスは既に巨大なグローバルビジネスであり、さらにこれからも成長していくのです。

## ▼海水から真水を作り出すビジネス

真水を作り出すと述べましたが、実際は海水から塩分を抜いて真水を作ります。
海水をフィルターに通し、塩分を除去します。家庭にある浄水器と仕組みは同じです。

フィルター製造会社、海水をくみ上げるポンプを作る会社、真水製造工場そのものを作るプラントメーカー等、日本には水ビジネスに関連した優良企業がたくさんあります。

## ▼食糧増産に寄与する企業

人口増加で食糧不足になる懸念があります。
食糧が不足するならば食糧を増産するしかありません。
そこで、農業機械、農薬、化学肥料等を製造する企業に注目です。

農薬というと耕作地周辺を汚染する、農薬のついた野菜や果物を食べると健康に悪い、といったネガティブなイメージがあるかもしれません。

また、化学肥料を使わない方が環境に優しいし、美味しい作物が収穫できるという意見もあります。

そこで、日本国内には農薬や化学肥料を使用しないで作物を栽培する農家があります。

しかし、そんなことができるのは、日本の農家の農業技術が高いからであって、後進国や新興国の農家にはできません。食糧増産に農薬と化学肥料は必要です。要は使用方法を間違えなければ良いのだと思います。

そのほか、「種」を作る会社も重要です。

農業機械、農薬、化学肥料が優れていても、肝心の種の品質が低ければ、良い作物はできません。

## 食糧ビジネス

### 農業機械

**クボタ【6326】**
農業機械と水道用鉄管で国内トップ。国際展開も進んでいる。

**ヤンマー（非上場）**
農業機械で国内2位。無人農業機械の開発に取り組む。

**井関農機【6310】**
農業機械国内3位。稲作関連の機械が得意。

**やまびこ【6250】**
水や農薬の噴霧器、芝刈り機、種まき機を製造。海外売上比率7割のグローバル企業。

**丸山製作所【6316】**
農作物や果樹の消毒作業に使用される農業用高圧ポンプや肥料散布機、草刈り機などを製造。

### 農薬

**住友化学【4005】**
総合化学メーカー国内2位。2002年から農薬に参入。

**日本農薬【4997】**
大手農薬メーカー。1928年に日本初の農薬専業メーカーとして設立。中堅化学メーカーADEKAの子会社。

**日産化学【4021】**
1887年に化学肥料で創業。除草剤分野に強い。

**三井化学アグロ（非上場）**
三井化学の子会社。農薬と殺虫剤の両方を製造・販売。

**クミアイ化学工業【4996】**
全国農業協同組合連合会が筆頭株主。国内向け水稲用除草剤が主体だが北米、南米、アジアなど海外展開に注力。海外売上比率は約5割。

**北興化学工業【4992】**
農薬の売上比率が約6割。農薬以外は液晶原料や半導体封止材などの化成品を手掛けている。

## 食糧ビジネス

### 化学肥料

**多木化学【4025】**
1885年創業の肥料メーカー。水処理薬剤などの化学品も生産。

**片倉コープアグリ【4031】**
果樹・園芸用肥料が得意。2015年10月同業のコープケミカルを吸収合併。

**日東エフシー(非上場)**
化学肥料に加えて土壌改良剤も製造。海外の大手肥料メーカーの国内販売代理店でもある。

### 種

**サカタのタネ【1377】**
種苗業界のトップ企業。ブロッコリーの種では世界シェア6割。

**タキイ種苗(非上場)**
種苗業界大手。園芸専門学校を運営。京都本社で1835年創業。

**カネコ種苗【1376】**
野菜種が収益の柱。花の種子生産や農業資材の販売も手掛ける。

**雪印種苗(非上場)**
雪印メグミルクのグループ企業。建築空間の緑化事業も手掛ける。

### 飼料

**フィード・ワン【2060】**
三井物産系。飼料生産だけでなくマグロ養殖も行なっている。

**日本農産工業(非上場)**
三菱商事系列。「ヨード卵」やペットフードも製造・販売。

**中部飼料【2053】**
飼料が売り上げの大半を占めるが、畜産物、畜産用機器の販売も手掛ける。

**日清丸紅飼料(非上場)**
日清製粉グループ本社と丸紅が大株主。ウナギ用飼料ではトップシェア。マグロ用にも注力。

種を生産する企業にサカタのタネがあります。種の業界トップで東証プライム上場企業です。世界約170ヵ国で野菜などの種を販売するグローバル企業です。

## ▼植物工場で野菜を栽培するメリットとは

農産物の増産を妨げるのが、天候不順と環境汚染です。

冷夏、暖冬、想定外の台風などが農産物の育成を妨げます。

また、新興国や後進国では経済成長に伴って、大気汚染や水質汚濁が深刻化しており、農業にはマイナスです。

天候不順と環境汚染を避けて食糧を増産するためには、「植物工場」での作物栽培が有効です。

植物工場とは、農産物を生産する工場のことです。

屋外で行なわれる露地栽培とは異なり、工場内の温度、湿度、光、二酸化炭素濃度など

## 植物工場

**三菱ガス化学**
【4182】
福島県白河市に国内最大規模の植物工場。

**大氣社**
【1979】
子会社のベジ・ファクトリー社が植物工場を手掛ける。

**レスターHD**
【3156】
傘下のバイテックベジタブルファクトリー社が植物工場を展開。

**大成建設**
【1801】
LED方式植物工場を開発。

**大和ハウス工業**
【1925】
三協立山と植物工場システムを共同開発。

共同開発

**三協立山**
【5932】
大和ハウス工業と植物工場システムを共同開発。

**三菱ケミカルグループ**
【4188】
太陽光利用型植物工場システムを販売。

**IDEC**【6652】
太陽光併用型の植物工場システム販売。

**シンフォニアテクノロジー**
【6507】
完全人工光型植物工場システム。

を自動制御装置で最適な状態に保ち、種まきから収穫までを計画的に一貫して行ないます。

植物工場のメリットは2つあります。

1つ目は安全性が高いこと。外部と遮断されているため病原菌や害虫が侵入できません。そこで、それらを予防・駆除するための農薬が不要です。

2つ目はどこでも栽培ができるということ。

農地関連の規制が緩和されつつありますが、それでも農地を購入して農業を始めるには様々な制約があります。

しかし、植物工場ならばどこに作ろうが事業者の自由です。

また、敷地が狭くても作物を栽培するトレーを棚状に積み上げれば、多くの野菜を収穫できます。露地栽培に比べて土地の利用効率は極めて高いのです。

## ▼陸上で魚を養殖

**ＦＡＯ（国連食糧農業機関）の「世界漁業・養殖白書２０２２」によると、世界では１人当たりの魚介類の消費量が過去60年間で倍増しており、さらに伸び続ける傾向にあります。**

魚介類の需要が増加しても、海から獲るのは限界があります。

それならば養殖すればいいということになりますが、海を利用した養殖で生産量を増やすのは簡単ではありません。

そこで、期待されるのが「陸上養殖」。海に生息する魚介類の養殖を海ではなく陸上で行ないます。

屋内の水槽で水質や水温、エサなどを完全にコントロールした状況で魚介類を育てるので、養殖場というよりも「魚製造工場」と呼んだ方が適切かもしれません。

陸上養殖のメリットは３つあります。

1つ目は、外部からの影響を受けずに安定的に魚介類を育てられること。通常の養殖は、海の中に設置されたイケスで魚を育てますが、赤潮の発生などで環境が悪化すれば魚は全滅してしまいます。自然環境の変化だけでなく、タンカーの座礁で重油が流れ込んで、養殖魚に大きな被害が出ることもあります。

2つ目は水温やエサの調整で、魚の品質と生育期間をコントロールできること。閉鎖された環境なので海上養殖よりも品質のコントロールが容易です。生育期間短縮はコスト削減につながります。さらに、出荷時期を魚価の相場が高いときに合わせることも可能です。

3つ目はどこでも養殖ビジネスができること。養殖のために海を使用するには地元の漁業協同組合の許可が必要ですが、許可を取るのは簡単ではありません。陸上養殖ならば許可を得る必要はなく、自由に始められます。また、海の近くである必要もありません。企業が内陸部にある遊休地を活用して、養殖ビジネスに参入することも可能です。

## 魚の陸上養殖

**マルハニチロ**
【1333】
三菱商事と共同でサーモンの陸上養殖行なう。

**三井物産**
【8031】
子会社FRDジャパンがサーモンの陸上養殖行なう。

**フジキン**
（非上場）
バルブメーカーだが、茨城県つくば市でチョウザメを陸上養殖。キャビアと魚肉を販売。

**IMTエンジニアリング**
（非上場）
日本で初めてバナメイエビの陸上養殖に成功。新潟県妙高市の名産品になりつつある。

**丸紅**
【8002】
デンマークのダニッシュ・サーモンを子会社化しサーモンの陸上養殖に参入。

**NECネッツエスアイ**
【1973】
NECネッツエスアイ、林養魚場、ウミトロンの3社で、陸上養殖プラントでの餌やり自動化システムを開発。

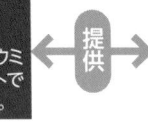

提供

**RKB毎日HD**
【9407】
NECネッツエスアイと提携しサーモンの陸上養殖。

提供

**ウミトロン**（非上場）
漁業ITベンチャー。シーフードの販売も行なう。

**林養魚場**
（非上場）
1935年創業。サケ・マスの養魚場を運営。NECネッツアイやウミトロンと提携。

# 【3】国内の人口減少と高齢化

### ▼日本の人口が1億人を割る

日本の人口減少と高齢化が止まりません。

2023年1月1日現在で、国内人口は1億2477万人ですが、2053年には9924万人となります。

なんと1億人を割ってしまうのです。

高齢化率を表す65歳以上の割合は、2023年1月1日で29％ですが、2053年には38％まで上昇します（総務省統計局、国立社会保障・人口問題研究所）。

人口減少と高齢化が進めば、様々な問題が生じますが、その問題に対応する中にビジネスチャンスがあります。

## ▼日本人が減るからこそ、アフリカに注目

日本国内の人口が減少すると、国内でモノやサービスが売れなくなってしまいます。

人口が減るということは、お客さんが減るということです。

そして、高齢者はお金を持っていても、あまり買い物をしません。

これから日本企業が成長していくためには、モノやサービスを海外に売るしかないのです。

販売相手国として、すぐに思い浮かぶのは米国と中国でしょう。

もちろんこの2国は重要な相手国ですが、私はアフリカに注目しています。

## アフリカ関連企業

### トラスト
【3347】

レンタカー事業と中古車輸出が主要事業。南アフリカではディーラーも運営。

### アガスタ
（非上場）

海外の中古車販売業者に対するBtoB販売と、ネットによる海外の個人顧客への中古車販売を手掛ける。

### ビィ・フォアード
（非上場）

越境ECによる中古車輸出を手掛けている。アフリカ関連ビジネスのコンサルティング事業も展開。

### エスビーティー
（非上場）

1993年の創業で、世界150ヵ国以上に中古車を輸出。

### 豊田通商
【8015】

アフリカ54ヵ国でビジネス。南アフリカ最大の自動車ディーラーCFAO Motors South Africaを活用して自動車販売強化。

### ヤマハ発動機
【7272】

1960年代からアフリカへ進出。

### 住友化学
【4005】

防虫剤を表面処理した蚊帳でアフリカの人々をマラリアから守る。

### カネカ
【4118】

準大手の化学メーカー。カネカの合成繊維「カネカロン」から作ったカツラや付け毛が大人気。

アフリカと言えば、貧困、飢餓、伝染病、内戦などを思い浮かべる人が多いと思います。

しかし、こうした現象はアフリカの一面にすぎません。

**アフリカは地下資源が豊富なうえ、経済が成長しているだけでなく、若くて巨大な人口があります。ビジネスの対象として最高のエリアです。**

アフリカ北部では天然ガスや原油が、南部では金、銅、ダイヤモンドなどの資源が豊富です。

さらにコバルトやプラチナといったレアメタルにも恵まれています。

2000年以降、アフリカ経済は毎年プラス成長が続いてきましたが、2020年はコロナ禍でマイナス成長となりました。

しかし、2021年から回復に転じており、世界銀行は2023年の経済成長率は3％を超えると予測しています。

アフリカ54ヵ国の総人口は、2022年の14億8200万人から2030年に16億9009万人、2050年に24億6312万人に増加すると見込まれています（世界人口推計2022年版、国際連合）。2050年の世界人口は97億人強ですから、その頃には世界の4分の1がアフリカ人ということです（現在は約18%）。

人口が多いだけでなく、圧倒的に若いのが特徴です。

0歳児から最高齢者までを順に並べて、ちょうど中間になる人の年齢（中位年齢）は日本が48・4歳ですが、アフリカ全土では19・7歳です。

## ▼高齢者・単身世帯の増加でコンビニ食が人気化

高齢になると、食事を作るのがしんどくなるし、火を使って調理することは、危険でもあります。だからといって外食だけでは費用がかかるし、栄養バランス面でも問題があります。

また、人口減少とともに単身世帯が増加します。

単身者は仕事などで忙しく、調理する時間があまりありません。

時間があったとしても1人分の食事を作るのは、複数人用の食事を作るよりも、費用がかさむことがあります。

**今後は高齢者世帯や単身世帯が、総菜や弁当を買って自宅で食べるケースが増えるでしょう。**

**弁当や総菜はいろいろなところで販売されていますが、徒歩圏内のコンビニで購入するのが簡単です。**

コンビニに並ぶ総菜や弁当を製造する企業は地味ながら有望成長企業です。

## コンビニ

### 弁当・総菜

**わらべや日洋ホールディングス【2918】**
弁当・総菜業界で売上高トップ。セブン-イレブン向けが売り上げの大半。米国、中国でも総菜を生産。

**フジフーズ（非上場）**
1974年からセブン-イレブンへ総菜を供給。1年間に開発する新規商品は550アイテムを超える。

**プライムデリカ（非上場）**
プリマハム子会社でセブン-イレブン向けに和・洋・中の総菜、サラダ、調理パン、スイーツなど製造。

**武蔵野ホールディングス（非上場）**
傘下に武蔵野、武蔵野フーズ、武蔵野ロジスティクス、プライムデイリーフーズ、武蔵野沖縄などの事業子会社を持つ持ち株会社。グループで総菜・弁当の製造から配送まで一貫して事業展開。「ツナマヨおにぎり」を日本で初めて開発。

**ニッセーデリカ（非上場）**
セブン-イレブンの国内初の調理麺専用工場として常時20〜30種類の麺製品を製造する。

**シノブフーズ【2903】**
おにぎりや調理パン、総菜を製造。ファミリーマート向けが多い。「おにぎりQ」はロングセラー商品。

**サンデリカ（非上場）**
調理パン、米飯類、麺類などを製造。販売先は量の多い順にローソン、デイリーヤマザキ、ミニストップ。

**カネ美食品【2669】**
大株主のファミリーマート向けに弁当、パスタなどを製造。駅ナカコンビニのNewDaysへも納入。

**トオカツフーズ（非上場）**
コンビニ向けの弁当・おにぎり・サンドイッチ・麺類などを製造。主要販売先はファミリーマート。

**グルメデリカ（非上場）**
ローソンへおにぎりや総菜を供給。2018年にローソンの親会社・三菱商事の傘下に。

### 容器

**エフピコ【7947】**
弁当・総菜容器の最大手で、国内シェア3割。自社で物流を運営しコスト低減に成功している。

**中央化学【7895】**
弁当や丼料理、寿司向けなどあらゆるタイプの容器を製造。海外展開に熱心。三菱商事の子会社。

**積水化成品工業【4228】**
発泡ポリスチレンシートでできた弁当・総菜容器は軽量性と防水性に優れる。積水化学グループ。

**JSP【7942】**
発泡ポリスチレンシートは食品トレーや弁当容器、カップラーメン容器に使用されている。

**シーピー化成（非上場）**
全国6工場でプラスチック製食品容器を約8000種類生産。本社は岡山だが、首都圏強化の方針。

# 【4】環境問題の深刻化

人口増加と同時に工業化が進めば環境は悪化します。

しかし、人口増加と工業化が止まることはありません。

地球環境の将来を悲観する人は少なくありませんが、環境悪化を防止したり、悪化した環境を浄化するところにビジネスチャンスがあります。

環境関連ビジネスはこれからずっと成長ビジネスであり続けます。

### ▼環境に優しい鉄道に注目が集まる

鉄道関連ビジネスは世界的な成長ビジネスです。

なぜならば、鉄道は環境に優しいからです。

**鉄道は自動車と違って二酸化炭素や窒素酸化物などの有害物質をほとんど排出しません。また、多くの国々では交通渋滞が深刻な問題ですが、鉄道ならば渋滞なしに効率的にたくさんの荷物や人間を運ぶことができます。**

そこで、世界中に鉄道のビッグプロジェクトが多数あるのです。

インドでは西部の大都市ムンバイと工業都市アーメダバード間（508キロメートル）を新幹線で結ぶプロジェクトが進行中です。

最高時速320キロメートルで、所要時間は現在の約8時間から2時間程度へ大幅に短縮されます。

自動車大国の米国でも高速鉄道網を整備する計画があります。

例えば、テキサスのダラスとヒューストン間（380キロメートル）を新幹線で結ぶ計

## 鉄道ビジネス

### 新幹線

**ナブテスコ【6268】**
新幹線車両のドア開閉装置のトップメーカー。ブレーキも製造。

**曙ブレーキ工業【7238】**
新幹線や在来線のブレーキを開発・製造。旧国鉄時代からJRと共同研究。自動車用ブレーキも。

**住江織物【3501】**
新幹線のシートの表皮材、シートクッション、カーテン、壁装材、床材を製造。

**日本製鉄【5401】**
新幹線の車輪と車軸を生産。連結器やレールのシェアも高い。

**日精ホンママシナリー（非上場）**
工作機械メーカー。新幹線の車輪はすべて同社の工作機械によって製造。

**森尾電機【6647】**
車両の運転台装置や、車内表示器を製造。新幹線輸出第1号の台湾高速鉄道にも納入。

**住友理工【5191】**
住友電工の子会社。防振ゴムは新幹線だけでなく、海外の鉄道車両にも搭載。

### 軸受

**ジェイテクト【6473】**
軸受大手3社の1つ。トヨタ自動車が筆頭株主。自動車メーカー向け納入も多い。

**日本精工【6471】**
軸受大手3社の1つ。日本で最初に軸受を製造。2016年開業の北海道新幹線にも搭載。

**NTN【6472】**
軸受大手3社の1つ。等速ジョイントは世界シェア第2位、ハブベアリングは世界シェア首位。

### 信号

**日本信号【6741】**
信号3社の中で売上高1位。ホーム柵や自動改札機、券売機なども製造。

**京三製作所【6742】**
信号3社の中で売上高2位。GPS活用の運行管理システムも手掛ける。

**大同信号【6743】**
信号3社の中で売上高3位。JR向けが多い。消防車両の制御システムも手掛ける。

### その他

**五光製作所（非上場）**
鉄道車両用の真空式トイレを製造。新幹線や在来線の車両に設置。電気温風暖房器や車両用電動ワイパーも手掛ける。

**カヤバ【7242】**
振動から車体を守る部品を製造。自動車の衝撃緩衝器は世界シェア3位。

**東洋電機製造【6505】**
パンタグラフ製造の最大手。PASMOなどICカード対応駅務機器なども手掛ける。

**オムロン【6645】**
体温計など医療機器で有名だが、自動改札機、券売機の大手メーカーでもある。

画があります。最高時速330キロメートルで所要時間は90分です。

その他アジア各国でも高速鉄道への関心は高まっており、ここにビジネスチャンスがあります。

鉄道ビジネスは関連企業の多いビジネスです。

JRや私鉄のような電鉄会社はもちろん、車両製造会社や車両部品会社、信号や線路を製造・施工する会社など裾野が広いのです。

## ▼EV（電気自動車）でなければ自動車ではない

地球の温暖化を阻止するために、世界各国と企業は$CO_2$削減に取り組んでおり、約125ヵ国が2050年までにカーボンニュートラルを実現することを表明しています。

そこで急激に進んでいるのが自動車の電動化です。
各国政府や自動車メーカーが野心的な電動化目標を掲げています。

例えば左記のような目標です。

- **日本「2035年までに新車販売の電動車比率100%（HV含む）」**
- **米国「2030年以降に新車販売のすべてをEVに（ワシントン州）」**
- **英国「2030年までにディーゼル車、ガソリン車の新車販売禁止」**

EVの主要部品はモーター、電池、この2つを結ぶインバーターなどですが、これらの部品を構成する部材にも注目するべきです。

インバーターの性能を左右するパワー半導体は、パワーという文字通り、扱う電圧と電流が大きいことが特徴です。CPUやメモリのように演算や記憶などの働きをする半導体とは異なります。

## EV電気自動車（EV・その他）

### モーター

**東洋電機製造【6505】**
日本精工や東京大学と提携しEVのインホイールモーターを研究。インバーター製造も行なう。

**日本精工【6471】**
国内最大のベアリングメーカー。インホイールモーターのほかパワーステアリングや電装部品なども製造。

**日本電産【6594】**
HDD用モーターで世界シェアトップ。車載向けでは電動パワーステアリング用、デュアルクラッチ用、エンジン冷却用などを製造。今後は駆動用モーターでの高シェア獲得を狙う。

### モーターコア

**三井ハイテク【6966】**
三井財閥系ではない。モーターの中核部品「モーターコア」で世界シェア首位。半導体の内部配線に使われる部品「リードフレーム」事業も手掛ける。

**黒田精工【7726】**
モーターコアとモーターコア製造用金型を生産。

### 磁石

**大同特殊鋼【5471】**
世界最大級の特殊鋼専業メーカー。レアアースであるネオジムを使用しない磁石を開発しホンダのハイブリッド車に採用された実績あり。

**プロテリアル（非上場）**
レアアースであるネオジムを使用しない磁石を開発し、EV用モーター向けに供給。（旧社名は日立金属）

### パワー半導体

**三菱電機【6503】**
パワー半導体で国内トップクラス。1990年代初めからSiC（炭化ケイ素）を使用した半導体を研究してきた。

**富士電機【6504】**
重電大手。パワー半導体は国内2位。2024年度からSiC（炭化ケイ素）を使用したパワー半導体の量産を開始。

**サンケン電気【6707】**
パワーIC、ダイオードなどパワー半導体大手。自動車向けが主力だが、エアコンなど家電向けにも実績あり。

**ローム【6963】**
SiC（炭化ケイ素）を使用したパワー半導体の大手企業。また、消費電力の少ないGaN（窒化ガリウム）を使用したパワー半導体も手掛ける。

**タムラ製作所【6768】**
電圧変換・電圧制御・ノイズ除去部品の大手企業。酸化ガリウムを使用したパワー半導体の研究を推進。海外生産比率が6割を超す。

**デンソー【6902】**
国内首位、世界2位の自動車部品メーカー。SiC（炭化ケイ素）を使用したパワー半導体を開発、燃費向上に貢献。トヨタ系。

## EV（電池）

### 電池

**パナソニックHD【6752】**
米国EVメーカーのテスラにリチウムイオン電池（LiB）を供給。

**トヨタ自動車【7203】**
パナソニックと合弁会社を設立し、トヨタのHVに搭載する電池を生産。全固体電池の開発進む。

**CATL**
世界最大の車載電池メーカー。日産やホンダなどに供給。深圳証券取引所に上場。

### 正極材

**住友金属鉱山【5713】**
原料のニッケルの鉱山開発から製錬、加工まで一貫生産。

**三井金属鉱業【5706】**
全固体電池の固体電解質も開発中。

**田中化学研究所【4080】**
正極材専門メーカー。2016年住友化学の傘下に。現在は住友化学と共同開発推進。

**日本化学工業【4092】**
1893年創業の工業薬品メーカー。正極に使用されるコバルト酸リチウムを生産。

**戸田工業【4100】**
酸化鉄メーカーの大手。ドイツ総合化学メーカーBASFとの合弁会社で正極材を生産。

**新日本電工【5563】**
正極材に使用されるマンガン酸リチウム製造のトップ企業。日本製鉄系。

**ソフトバンク【9434】**
「ソフトバンク次世代電池Lab.」を設立。東京工業大学、慶應義塾大学、住友化学などと正極材について共同研究。

**日本化学産業【4094】**
無機化学薬品の大手。住友金属鉱山から正極材の加工を受託。

**日亜化学工業（非上場）**
LED（発光ダイオード）の世界トップメーカー。蛍光体で培った粉体合成技術をもとに正極材を開発・製造。

### 負極材

**日本カーボン【5302】**
炭素製品の大手メーカー。鉄鋼メーカー向けの黒鉛電極を得意とするが負極材も強化。SiC繊維事業ではGEと合弁。

**レゾナック・ホールディングス【4004】**
総合化学メーカー。旧社名は昭和電工。負極材に加えてLiB用アルミラミネートフィルムも製造。

**東海カーボン【5301】**
負極材を生産し、三菱ケミカル経由で大手電池メーカーに供給。カーボンブラックは国内首位。

### バインダー

**クレハ【4023】**
NEWクレラップで有名な中堅化学メーカー。正極用バインダーのシェアは世界トップクラス。

**日本ゼオン【4205】**
合成ゴム大手。1995年に負極用バインダーの製造・販売を開始。現在は正極用バインダーも手掛ける。

## EV（電池）

### セパレーター

**旭化成【3407】**
1985年にLiBの原型を確立。セパレーターの世界シェアトップクラス。

**東レ【3402】**
総合繊維大手。2010年から旧東燃ゼネラル石油とセパレーター事業に進出。ハンガリーでは韓国LG化学と提携。

**住友化学【4005】**
国内化学メーカー第2位。セパレーターの耐熱性と薄さに定評がある。希少金属コバルトを使用しない正極材の研究開発も進行中。

**UBE【4208】**
傘下の宇部マクセルがセパレーター事業展開。原膜から生産・供給まで一貫して事業展開。

**帝人【3401】**
合成繊維の大手。セパレーターの主要メーカーの1社。炭素繊維の研究・生産も手掛けている。

**三菱製紙【3864】**
ポリエステル不織布にセラミックを塗布したセパレーターを生産。耐熱性が高いのが特徴。

**日本製鋼【5631】**
LiB用セパレーターフィルム製造装置を生産。

### 電解液

**三菱ケミカルグループ【4188】**
総合化学で国内最大の企業。世界シェア拡大のため増産体制を強化。UBEと提携関係にある。

**UBE【4208】**
電解液に添加剤を加えて性能や安全性を高める技術に強み。

**セントラル硝子【4044】**
日本以外に中国、チェコ、韓国で電解液製造。板ガラスで国内3位。

**関東電化工業【4047】**
電解液のもとになる六フッ化リン酸リチウムを製造。電解液添加剤のホウフッ化リチウムの生産も手掛ける。

**ステラケミファ【4109】**
LiBを高機能化させる電解液用添加剤と電解液に使用される電解質を製造・販売。

**東亞合成【4045】**
電解液の主要原料、エチレンカーボネートを製造。瞬間接着剤で有名。

### 受託試験機器・製造機器

**カーリットホールディングス【4275】**
車載用電池の性能試験を手掛ける。主力事業は産業用爆薬や自動車用発煙筒など。

**ヒラノテクシード【6245】**
ヒーターファンの製造で創業。LiBの電極板製造工程を担う塗工機を製造。

**テクノスマート【6246】**
LiB製造のための塗工機を製造。中国や韓国の電池メーカーへの販売が多い。

**HIOKI【6866】**
各種テスターなど電気計測器の中堅メーカー。最近はLiB用の測定器を強化。

**エスペック【6859】**
車載用電池の安全性試験を受託。国連協定規則に対応した試験所を保有する。

**また、ＥＶでは消費電力を節約するために車体を軽くする必要があります。そこで鉄ではなく、炭素繊維やセルロースナノファイバー（ＣＮＦ）といった軽量で頑丈な素材の需要が高まります。**

炭素繊維とは、炭素だけでできている繊維です。

軽くて、強くて、さびないという夢の新素材です。

重さは鉄の４分の１ですが、強度は10倍もあります。

熱に強いだけでなく、成形しやすく、電気を伝えやすい一方で、電磁波遮断性が高いという特徴があります。

炭素繊維の主要メーカーは東レ、帝人、三菱ケミカルの３社です。

ＣＮＦも夢の新素材で、重さは鉄の５分の１ですが、強度は鉄の５倍です。原料は木材です。

## セルロースナノファイバー(CNF)

**日本製紙【3863】**
国内製紙メーカー2位。2015年にCNF使用の大人用紙オムツ発売。消臭効果は従来品の3倍。

**中越パルプ【3877】**
九州大学とCNFを共同研究。王子ホールディングスの持ち分法適用会社。

**王子ホールディングス【3861】**
国内製紙業界トップ。CNF透明シートでガラス並みの透明度を実現。

**大王製紙【3880】**
製紙業界4位。レース用自動車へのCNF実装実験やコンクリート製構造物へのCNF活用を進める。

**第一工業製薬【4461】**
工業用薬剤のトップメーカー。同社のCNFは三菱鉛筆のボールペンインクに使用されている。

**三菱鉛筆【7976】**
ボールペンのインクの増粘剤として第一工業製薬のCNFを採用。三菱系企業ではない。

**モリマシナリー(非上場)**
以前はCNFの製造装置の開発に取り組んでいたが、最近はCNFの製造・販売を強化。

**スギノマシン(非上場)**
ウォータージェットカッターを製造し、全国シェアが高い。最近はCNFの製造・販売に注力。

**増幸産業(非上場)**
CNF製造装置「スーパーマスコロイダー」を製造している。江戸時代は大砲を製造していた。

**星光PMC【4963】**
製紙用薬品で国内首位クラス。

木材を細かく裁断しチップ（小木片）にします。
そのチップに化学的または機械的処理を施して木材繊維を取り出します。
この木材繊維を解きほぐし、ナノレベルまで微細化したものがＣＮＦです。

ＣＮＦに関する開発・研究は日本が最も進んでいます。
日本の大手製紙メーカーはＣＮＦ製造の技術を持っています。
製造コストが下がれば、日本のＣＮＦが世界的に普及するでしょう。

実は同じ自動車であっても、ガソリン車とＥＶではタイヤへの負担が異なります。
タイヤメーカーや材料メーカーはＥＶの特性に合わせたタイヤを日夜研究しています。
ＥＶに合ったタイヤを作れるメーカーは業績を伸ばしていくでしょう。

# 【5】防災・復興

## ▼日本のインフラはボロボロ？

国内インフラの老朽化や昨今の異常気象を考えると防災の重要性は高まるばかりです。防災関連企業が成長していくのは間違いありません。

日本では1950年代半ばから1970年代半ばの高度経済成長期に多くのインフラが建設されました。

代表的なものとしては、新幹線、首都高速道路などが挙げられます。

**コンクリート製構造物は50年以上経過するとかなり劣化します。**当時建設されたインフラは補修または建て替えのタイミングを迎えているのです。

## ▼巨大地震に備える

ここ数十年、国内では自然災害が多発しています。

例えば地震の場合、１９９５年の阪神・淡路大震災以降、新潟県中越地震、東日本大震災、熊本地震といった大型地震が発生しています。

そして、これから心配なのが「首都直下地震」と「南海トラフ巨大地震」です。

政府の地震調査委員会は「今後30年以内に70％の確率で『首都直下地震』が起きる」と予想しています。

マグニチュード7程度の大地震です。

最悪の場合、死者2万３０００人、経済被害は95兆円に達します。

しかし、**地震調査委員会は建物を耐震化して火災対策を徹底すれば、死者を10分の1の2300人に減らせると予想しています。**

静岡県の駿河湾から九州の日向灘にかけての海底は、陸側のプレートの下に海側のプレートが沈み込んでいて「南海トラフ」と呼ばれています。

この南海トラフを震源とする大地震が南海トラフ巨大地震であり、政府の地震調査委員会は、マグニチュード8から9の巨大地震が今後30年以内に「70%から80%」の確率で発生すると予測しています。

被害は、四国や近畿、東海などの広域に及び、東日本大震災を大きく上回ります。最悪の場合、関東から九州にかけての30都府県合計で32万3000人が死亡し、経済被害は220兆3000億円に上るとされています。

しかし、多くの人が早めに避難した場合、津波の犠牲者は最大でおよそ80％少なくなり、建物の耐震化率を引き上げれば、建物の倒壊はおよそ40％減らすことができます。

首都直下地震と南海トラフ巨大地震の発生を防ぐことはできませんが、被害を小さくすることは可能です。となれば、これから様々な対策を講じるのみです。そこにビジネスチャンスがあるし、成長する企業も存在します。

## ▼経験したことがない暴風雨に備える

また、近年は豪雨や台風などによる被害も深刻です。

昔は「ゲリラ豪雨」なるものはほとんどありませんでした。

1時間程度の豪雨で地下街がプールのようになってしまうなどありえませんでしたが、最近では珍しくありません。

また、最近は以前よりも大型で強い台風が増加しており、天気予報のアナウンスの中で「経験したことがない暴風や高波」「観測史上最強の……」といったコメントを聞くことがよくあります。

想定を超えるの台風によってこれまでにない被害が出ています。

**経年劣化したインフラを大型地震や大型台風が襲う**という状況となっています。かなり危険です。インフラを新たに構築したり、強化したりせねばならず、ここにビジネスチャンスがあります。

国土強靭化基本法が２０１３年12月に公布、施行されて以来、政府は防災のための政策を推進し、今後も継続する方針です。長期間にわたって莫大な予算が投入されるのですから、防災関連ビジネスは伸びていきます。

## 防災・復興

### 建設・土木会社

**ショーボンドホールディングス**【1414】
道路や橋梁などインフラの補修工事に特化した企業。接着剤や注入剤、配管部品なども自社で開発。

**日特建設**【1929】
地質調査と土木工事をセットで請け負う。黒部ダムなどダム基礎工事で実績多数。株式会社麻生の孫会社。

**日本国土開発**【1887】
大規模造成工事に実績。東日本大震災の復興工事にも参加。独自の土質改良機と改良工法を有する。

**矢作建設工業**【1870】
名古屋鉄道が筆頭株主。斜面の補強に有効なパンウォール工法で数多くの施工実績がある。

**ライト工業**【1926】
トンネル防水事業で創業。ロボットを活用して斜面にモルタルを吹き付ける工法「Robo-Shot」を開発。

### 電気設備工事

**関電工**【1942】
電気設備工事会社では国内トップ級。東京電力のグループ企業。

**北海電気工事**【1832】
北海道電力傘下の電気設備工事会社で洋上風力発電向けを強化中。

**ユアテック**【1934】
東北電力グループの電気設備工事会社。首都圏でも事業展開。

**トーエネック**【1946】
電気設備工事会社。中部電力の子会社。タイなど海外でも事業展開。

**北陸電気工事**【1930】
北陸電力傘下の電気設備工事会社。徐々に全国展開を進める。

**きんでん**【1944】
関西電力系の電気設備工事会社。関電工と並んで国内トップ級。

**中電工**【1941】
中国電力グループの電気設備工事会社。情報通信工事にも定評。

**四電工**【1939】
四国電力系の電気設備工事会社。メガソーラー事業も手掛ける。

**九電工**【1959】
九州電力系の電気設備工事会社だが、東南アジアでも事業展開。

**沖電工**（非上場）
沖縄電力の子会社で電気設備工事を請け負う。

## 防災・復興

### スーパーゼネコン

**大林組【1802】**
首都圏で都市開発に積極的。東京スカイツリーを施工するなど関東圏を強化。

**鹿島建設【1812】**
日本初の超高層ビルである霞が関ビルを施工。超高層建築のパイオニア。

**大成建設【1801】**
大型土木から建築、戸建てまで幅広く展開。海底トンネルに優れた技術。非同族企業。

**清水建設【1803】**
首都圏の高層ビルの施工実績はトップ級。銀座・歌舞伎座の建て替えも施工。

**竹中工務店（非上場）**
1610年創業。初代は織田信長の普請奉行。大阪・あべのハルカスを施工。

### マリコン

**五洋建設【1893】**
マリコンで最大手。スエズ運河工事など海外実績が豊富。陸上工事にも積極的。

**東亜建設工業【1885】**
マリコン第2位。旧浅野財閥系。新幹線関連など陸上工事も手掛ける。

**東洋建設【1890】**
筆頭株主の前田建設工業と協業推進。関西国際空港や中部国際空港などで実績。

**大豊建設【1822】**
多くの特許を持ち、レインボーブリッジ、東京湾アクアラインなど大型工事に参加。

**若築建設【1888】**
官公庁向け工事が多いが、耐震工事など民間建設拡大を目指している。

**大本組【1793】**
岡山県を地盤に全国展開。最近は建築工事の比率が高い。大深度工事での無人化施工技術確立。

**不動テトラ【1813】**
海洋土木と地盤改良が収益の2本柱。テトラポットなど消波ブロックの製造販売も手掛ける。

※マリコン＝海洋土木工事

## 防災・復興

### 建設機械

**コマツ【6301】**
国内1位、世界2位の建機メーカー。IT駆使で業界をリード。海外売上比率は8割超。

**日立建機【6305】**
国内2位、世界3位の建機メーカー。鉱山機械も製造。海外売上比率は約8割。

**タダノ【6395】**
建設用クレーンの国内1位、世界では第2位。高所作業車も製造。香川県に本社。

**加藤製作所【6390】**
クレーンの国内第2位。パワーショベルや杭打ち機械も製造。

**北川鉄工所【6317】**
自動車鋳造部品、工作機械、タワークレーンなどの産業機械が主力事業。

**IHI運搬機械(非上場)**
タワークレーンに加え、工場の建屋内や港湾埠頭で使用するクレーンも製造。

**クボタ【6326】**
農業機械の有力メーカーとして有名だが、ミニショベルで世界トップ。

**竹内製作所【6432】**
ミニショベルのシェアはEU圏で第2位、北米で第4位。売上高の98%が海外向け。

### トンネル&セメント

**熊谷組【1861】**
関門トンネルや青函トンネルなどで実績。超高層ビルの施工も手掛ける。

**インフロニア・ホールディングス【5076】**
前田建設工業、前田道路、前田製作所を傘下に保有。大型土木工事を主力としてきたが、最近では大型複合施設、高級マンションも手掛ける。

**西松建設【1820】**
ダム、トンネルなど大型土木に強い。森ビルなどと虎ノ門一丁目再開発に参画。

**佐藤工業(非上場)**
世界最長の陸上トンネルである八甲田トンネルで施工実績。

**太平洋セメント【5233】**
国内セメント首位。セメント製造時の$CO_2$を回収し、合成メタンへ転換する技術を開発中。

**UBE三菱セメント(非上場)**
UBEと三菱マテリアルが50%ずつ出資。国内第2位のセメントメーカー。環境リサイクル事業も手掛ける。

**住友大阪セメント【5232】**
国内3位。コンクリート補修材も製造。廃タイヤや汚泥などのリサイクル事業も展開。

**トクヤマ【4043】**
ソーダ灰事業の副産物を活用するため、1938年からセメント生産開始。

# 終章

# お金と
# キャリアと
# 企業

# 「投信は買わない」

## ▼投信が安心とは言い切れない

投資で資産を増やしたいと思っている人は多いでしょう。

投資というと株式投資がすぐに思い浮かびます。

しかし、株式は怖いので投資信託（投信）にしようか、と考える人が多いようです。

たしかに、投信は株式よりも安心できるイメージがあります。

しかし、ここではっきりと言います。

投信も値下がりして損することがあります。

株式同様に投信も元本保証されていません。**「株式にはリスクがあるが、投信ならば安心」というのは間違いです。**私は投信よりも株式投資をお勧めします。

ここで、投信の仕組みについて説明します。

投信とは、**「投資家から集めたお金を一つの大きな資金としてまとめ、運用の専門家がそのお金からいろいろな株式に投資する金融商品」です。**

一つの企業の株を買った場合、その株が値下がりして大きく損をすることがあります。しかし、株式市場には上がる株もあれば、下がる株もあります。いくつかの株を買っておけば、一部の株の値段が下がっても、他の株の値段の上昇でカバーすることができます。

コロナ禍の状況を例に説明してみましょう。

コロナで自動車工場の生産がストップすれば、自動車会社の株価は下落します。しかし、新型コロナワクチンを製造する製薬会社の株価は上昇します。

巣ごもり需要で食品スーパーの売り上げが伸びれば、食品スーパーの株価は上がります。

自動車会社の株しか持っていなければ損をするだけですが、製薬会社株と食品スーパー株も持っていれば、自動車株の値下がり分を穴埋めするどころか、トータルで利益を得ることもあるでしょう。

一人の投資家がいくつもの株を買うのは金銭的にたいへんです。

しかし、多くの投資家がお金を出し合って共同で複数の株を買うことは可能です。**複数の投資家が複数の株に投資する仕組みが投信です。**

## ▼株は一株単位で買うことができる

投信と株式を比較して、私が株式をお勧めするのには理由があります。

実は「一人で複数の銘柄の株式を買うのが金銭的に難しい」というのは**過去の話なのです。**

現在では難しくありません。一人で複数の企業の株式を保有する、すなわち**一人で投信を作ることが簡単にできるのです。**

**株価とは、各企業が発行している一株当たりの値段のことです。**

通常、会社の株価というと一株の値段が表示されます。しかし、実際に株式を購入する場合、一株分の資金では購入することはできません。

２０１８年10月１日以降、全国の証券取引所では株式の売買単位が１００株に統一されましたので、株式の購入は１００株単位で行ないます。

一株１０００円の株ならば10万円必要です（手数料など除く）。

「リスクヘッジのために複数銘柄に投資したい」と考えると、数十万円もの資金が必要になります。値段の高い株も買えば簡単に１００万円を超えてしまいます。

ところが、マネックス証券、SBI証券、CONNECT（大和証券グループ）のように一株から株を販売してくれる証券会社があるのです。

こうした証券会社を利用すれば、数万円で複数の銘柄に投資できます。

## ▼投信は手数料が高い

一人で投信を作った場合、手数料がほとんどかからないというメリットもあります。

投信の場合、購入する際に投資家は「購入時手数料」を支払います。

加えて、運用期間中は「運用管理費用（信託報酬）」が差し引かれます。

さらに、「監査報酬」「売買委託手数料」などの費用も差し引かれます。

また、換金時に「信託財産留保額」がかかる投信もあります。

投信の場合、多少の値上がりは手数料に消えてしまうのです。

しかし、ネット証券で株を買う場合、手数料はほとんどかかりません。

投信には「償還の期限」、もっと分かりやすく言うと満期があります。儲かっていなくても、期限がくればそこで終了です。投資金額を下回るお金が償還金という形で戻ってきます。損して終わりということです。

利益が出るまで運用を続けたいと思っても、それはできません。

また、運用が順調で投信資産が増加しているから、もっと運用を続けたいと思ってもそこで終了です。儲けの追求を断念しなくてはならないのです。

また、投信保有者の多くが解約して、投信の規模（純資産総額）が一定の水準を下回ると、当初設定していた償還期日よりも前に償還になることがあります。これを「繰上償還」といいます。

自分は解約する意思がなくても、他の多くの投資家が解約すればすべてご破算です。投信による資産運用は自由が利きません。

株ならば、その企業が存在する限り株も存在します。

株価が下がっても上昇を待つことができます。配当金を受け取りながら、しばらく様子を見ることもできます。株式投資では自分の意思で資産運用が可能です。

## ▼株式購入で企業を見る目を養う

また、株を買うと、将来のために経済の勉強ができると思います。

投信を買うときに検討するのは値段、手数料、過去の運用成績といったところでしょう。

しかし、個別の株を買う場合は、その企業の業績、資産内容はもちろん、ビジネスモデルや技術力など様々なことを調べることになります。

ここで、企業を見る目を養うことができます。

また、株を購入した後はその企業に関連する新聞記事やニュースを見ることが増えるでしょう。

株価は社会のあらゆることがらを反映して動きますので、国際情勢、景気動向、為替レート、関連業界の動きなどもチェックしたくなるはずです。

株式投資をした結果、社会全体への関心が高まり、知識が増えます。

株を保有していれば、その企業の株主総会に出席する権利があります。

自分の会社の株主総会でさえ、出席したことがない人が多いと思います。

株主総会はその会社で最も重要な会議です。

自分の会社ではない、しかも上場企業の株主総会に出席することはビジネスパーソンにとって貴重な経験となるでしょう（１００株未満で株主総会に参加できるかどうかは企業に確認する必要があります）。

# ＦＸ取引の魅力とリスク

## ▼個人でも低コストで外国為替取引に参入できる

２３６ページで株式投資について取り上げましたが、ここではＦＸについて解説します。

ＦＸとはForeign Exchange（外国為替）を略したもので、「外国為替証拠金取引」のことです。為替レートの変動を利用して利益を狙う取引です。

もし米国へ旅行するならば、日本円を米ドルに両替しなくてはなりません。

為替レートは常に変化していますが、両替したときの為替レートが「１ドル＝１００円」だったとします。

日本円で10万円分を両替すると１０００ドルを手にすることができます（実際は手数料がかかりますが、ここでは便宜上手数料ゼロとします）。

１０００ドルを使用せずに帰国して日本円に両替するとどうなるでしょうか。

その時のレートが「１ドル＝１２０円」ならば12万円を受け取ることができます。為替レートの変動によって２万円の利益が生じます。

元手が10万円で２万円の利益を得ることができたのですから、もし元手が１００万円ならば20万円の利益があったことになります。しかし、１００万円の資金を準備するのは簡単ではありません。「元手が確保できれば大きく儲けられるのに」と思う人は少なくないでしょう。

実は元手の資金が少なくても大きな為替取引をする方法があります。それがＦＸなのです。ＦＸでは「証拠金」として預けた資金の何倍もの取引が可能です。

証拠金で取引ができるＦＸは資金効率が良いため、レバレッジの効いた取引であると言われることがあります。レバレッジ（leverage）とは「てこの作用」という意味です。

ＦＸに関して「レバレッジ●倍」というのを聞いたことがあるでしょう。

これは「証拠金に対して総取引額が何倍か」を指しています。

国内では最大25倍のレバレッジでの為替取引が認められているので、４万円の証拠金を支払うだけで１００万円分の取引が可能です。

為替レートが20円ドル高に動けば、元手４万円で20万円の利益を得られるのです。

## ▼為替相場が気になって仕事にならないことも

ただし、いつもうまくいくとは限りません。

相場が予想した方向に動けば大きく儲かりますが、反対方向に動けば大きな損失になります。ＦＸはハイリスク・ハイリターンなのです。

ＦＸには為替変動による収益のほかに、もう１つ大きな収益チャンスがあります。それが「スワップポイント」です。

簡単に言うとスワップポイントとは「金利収入」です。

ＦＸの取引とは、異なる２つの国の通貨の交換を行なうというものです。

それぞれの通貨にはそれぞれの国の金利がついているので、ＦＸ取引によって金利の交換も行なわれるのです。

低金利の通貨を売って、高金利の通貨を買った場合、その金利差が収益となります。

例えば、低金利通貨の日本円を売って高金利通貨のオーストラリアドルを買った場合は、その金利差分の利子がもらえます。

逆に、高金利通貨を売って、低金利通貨を買う場合は金利差分を支払う必要があります。

外貨預金と比べると、ＦＸは圧倒的に手数料が安く、24時間いつでも取引ができるといったメリットがあります。「レバレッジを低くしておけば、リスクは外貨預金と同じで、収益は外貨預金より高い」という人はいます。

たしかに一理ありますが、一方で「ＦＸに投資していた頃は、為替相場が気になって仕事にならなかった」という人もいます。

**株式であれ、ＦＸであれ、投資は余裕資金でやるものです。**生活資金を投資に向ければ焦って失敗してしまうでしょう。無理をすれば本業にも支障を来します。

# 転職成功のために何を

## ▼転職サイトと転職エージェントの違いとは

この本をお読みのビジネスパーソンの中には転職を考えている方がいらっしゃると思います。

また、現在は考えていなくても、いずれは転職したいと思っている方もいらっしゃるでしょう。

ここでは転職について書きます。

転職にあたって一般的なのは転職サイトの活用でしょう。

転職サイトは皆さんが学生のときに利用した就活サイトと同じ仕組みです。サイトに登録して、そこに掲載されている企業に自分でエントリーします。

就職サイトに似たものとして転職エージェントがあります。

有料職業紹介事業者、人材紹介会社などと呼ばれることもあります。

リクルートホールディングスを例にして説明すると、子会社のリクルートが転職サイト「リクナビNEXT」と転職エージェントの「リクルートエージェント」を運営しています。

転職サイトと転職エージェントは似て非なるものなのです。

ここでは転職エージェントの長所について4つ挙げます。

第1に、転職エージェントは転職活動の様々な場面で転職希望者を個別にサポートしてくれます。

履歴書やエントリーシート作成のサポートや面接方法に関するアドバイスはもちろん、面接日程の調整まで代行してくれます。また、勤務条件や待遇などについて企業と交渉してくれます。

第2は効率的に企業を探せることです。

転職エージェントに頼らなくても、転職サイトを使って自分で企業を探せると思う人は多いでしょう。

しかし、転職サイト内の大量の情報からエントリー先を選ぶには時間と労力が必要です。転職エージェントに経歴や資格、希望業界・職種などを提示すれば、それに合った企業を紹介してくれます。

第3に、転職エージェントは公募されていない求人情報を持っています。転職サイトには掲載されていない求人情報があるのです。

第4はカウンセリングを受けられることです。一人で転職活動をしていると、選考に落ちた原因が分からないことがあります。しかし、転職エージェントのコンサルタントと話し合えば敗因分析と今後の対策を練ることができます。

また、受験した企業からフィードバックを受けられることもあります。

転職エージェントと企業は、採用支援企業と顧客という関係でつながっており、連絡を取り合っています。

そのため、転職エージェントは面接での評価を企業から聞き出して、それを受験者に伝えることが可能です。そのほか、カウンセリングを受けることで、自分では気付かなかった適正や適職に気付くこともあるでしょう。

## ▼転職エージェントは誰のために働くのか

転職エージェントを利用するにあたって、費用はまったくかかりません。

職業安定法は「有料職業紹介事業者（転職エージェント）は、求職者から手数料を徴収してはならない」と規定しています。

**手数料を取ることは違法なのです。**

転職エージェントは転職が成立した場合に、企業から手数料を受け取ります。
企業は転職者の年収の何割かに当たる金額を転職エージェントに支払うのです。
年収は算出基準になるだけで、転職者の年収から差し引かれるのではありません。転職エージェント経由で入社すると、「1年目の給料から人材紹介会社の取り分が差し引かれる」との誤解があるようですが、そんなことはありません。

ここで、不安を感じる方がいるかもしれません。
入社が決定すれば手数料が入り、決定しないと1円にもならないのならば、「転職エージェントは転職希望者の適正や希望を無視して仕事を押しつけてくるのではないか?」と。

転職エージェントのコンサルタントも成績を上げなくてはなりません。

手数料が稼げないと社内での評価が下がり、給与が下がるかもしれません。となれば、成績を上げるために転職希望者をうまく言いくるめる、程度のことはあると想像できます。企業を実態より良く見せることもあるでしょう。

また、転職した人から「説明されたような会社ではなかった。違う会社を紹介してほしい」とクレームを受けることもあります。

転職者がすぐに辞めてしまったら、転職エージェントが企業に対して違約金を支払わなくてはなりません。なだめすかして退職させないようにすることはありえます。

転職エージェントを利用するときは、転職エージェントとの間に信頼関係が必要ですが、信頼しすぎるのは禁物です。

■ 著者プロフィール

**田宮寛之**（たみや・ひろゆき）

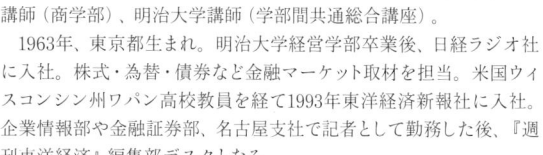

経済ジャーナリスト、東洋経済新報社・編集局編集委員、拓殖大学講師（商学部）、明治大学講師（学部間共通総合講座）。

1963年、東京都生まれ。明治大学経営学部卒業後、日経ラジオ社に入社。株式・為替・債券など金融マーケット取材を担当。米国ウィスコンシン州ワパン高校教員を経て1993年東洋経済新報社に入社。企業情報部や金融証券部、名古屋支社で記者として勤務した後、『週刊東洋経済』編集部デスクとなる。

2007年、株式雑誌『オール投資』の編集長に就任。2009年、就職・採用・人事などの情報を配信する「東洋経済HRオンライン」を立ち上げて編集長となる。2014年に「就職四季報プラスワン」編集長を兼務。2016年から編集局編集委員。

これまで取材してきた業界は自動車、生保、損保、証券、食品、住宅、百貨店、スーパー、コンビニエンスストア、外食、化学など。『週刊東洋経済』デスク時代は特集面を担当し、マクロ経済からミクロ経済まで様々な題材を取り上げた。

最近は取材活動のかたわら、全国の大学やキャリア団体、企業などで講演も行なう。

『みんなが知らない超優良企業』（講談社＋α新書）、『2027日本を変えるすごい会社』（自由国民社）、『就活のための四季報活用法』（三修社）など著書多数。

# ビジネスエリートが実践している 教養としての企業分析

2023年４月７日　初版第１刷発行
2024年11月17日　初版第３刷発行

著　　者　田宮寛之

カバー＆イラスト　小口翔平＋嵩あかり（tobufune）
本文デザイン・DTP　株式会社シーエーシー
校　正・校　閲　株式会社ヴェリタ

発 行 者　石井悟
発 行 所　株式会社自由国民社
〒171-0033　東京都豊島区高田3丁目10番11号
電話　03-6233-0781（代表）
https://www.jiyu.co.jp/

印 刷 所　横山印刷株式会社
製 本 所　新風製本株式会社
編集担当　三田智朗